大家一起学汉语

みんなで学ぼう！
中国語

虞萍【著】

中国語検定**4**級対応

中国書店

はじめに

　中国人とコミュニケーションがとれるようにと望むならば、中国語検定 4 級（あるいは HSK3 級）くらいのレベルが必要です。ただ、中国語検定 4 級試験の例年の結果をみると、大体のところ二人に一人という合格率にとどまっています。

　本書は、中国語をはじめて勉強し、中国人と基本的なコミュニケーションがとれることを目指す方、中国語検定 4 級（あるいは HSK3 級）試験に挑戦しようとする方のために作成したものです。編集にあたっては、基本的な文法事項が理解できるように、過去 13 年（2003-2015 年）に行われた計 38 回の中国語検定 4 級試験で出題された内容を参考にして項目を選び、それとともに使用する単語も、中国語検定 4 級試験で使用された重要単語を念頭において採用しました。

　本書は、「発音」「日常会話」「教室用語」、第 1-12 課、「語句索引」そして「付録」から構成されています。各課は、本文、新出単語、文法（5 項目）と練習によって組み立てられています。また、各課ごとに「覚えよう！」を設けました。「覚えよう！」によって、単語数を増やし、それぞれの単語の繋がり方を理解し、練習問題を通して、応用力を養ってください。巻末の「語句索引」と「付録」は、中国語検定 4 級試験の合格に向けて厳選したものです。学習にあたっては、この「語句索引」を、単語の暗記と応用力の養成に役立ててください。

　本書には CD2 枚を付けています。「発音」「日常会話」「教室用語」、各課の「新出単語」「本文」「文法」「覚えよう！」、それに「付録」の順で収録しています。CD1 は第 6 課までの内容を収録し、CD2 は第 7 課以降の内容を収録しています。CD をより多く聞いて、中国語の語感を身につけてください。

　資格はすべてではありませんが、近年、社会生活において、有益になる場面が増えています。「資格を取ること」を目標にして学習されると、勉強する意欲がさらに高められることができます。本書で学ぶことを通して、中国語における「聞く」「話す」「読む」「書く」の 4 つの力を身につけて、中国語検定 4 級試験の合格につなげることができるならば幸いです。

2016 年 9 月
著者　虞萍

目　次

発音 6
日常会話 11
教室用語 12

第1课　你是日本人吗？ 13
 1.　人称代詞
 2.　名前の聞き方と答え方
 3.　"是"の文　　　　　　　　覚えよう！　　呼称
 4.　"的"の使い方（1）　　　　　　　　　　　国名
 5.　副詞"也"　　　　　　　　　　　　　　　学部

第2课　你今天下午有课吗？ 20
 1.　副詞"很"
 2.　存在と所有を表す"有"
 3.　量詞
 4.　時刻の聞き方と答え方　　覚えよう！　　時点（1）
 5.　指示代詞　　　　　　　　　　　　　　　程度を表すさまざまな表現

第3课　你家有几口人？ 28
 1.　"几"と"多少"
 2.　副詞"都"　　　　　　　　覚えよう！　　家族
 3.　反復疑問文　　　　　　　　　　　　　　時点（2）
 4.　A"还是"B　　　　　　　　　　　　　　　中国法定貨幣の単位
 5.　"……吧"の使い方　　　　　　　　　　　飲み物

第4课　你老家在哪里？ 37
 1.　存在を表す"在"
 2.　場所代詞
 3.　基点と起点の表現　　　　覚えよう！　　方位詞
 4.　"得／要"＋動詞　　　　　　　　　　　　地名
 5.　主述述語文　　　　　　　　　　　　　　期間（時間量）

第5课　你昨天做什么了？ 45
 1.　"了"の使い方（1）
 2.　"去／来／回／到／在"＋場所＋動詞
 3.　"的"の使い方（2）
 4.　強調構文"是……的"　　　覚えよう！　　色
 5.　過去の経験を表す　動詞＋"过"　　　　　店の種類

第6课　你的爱好是什么？ 53
 1.　"了"の使い方（2）
 2.　比較の表現
 3.　"有点儿""一点儿""一会儿"
 4.　動詞の重ね型　　　　　　覚えよう！　　趣味
 5.　"一边……，一边……"　　　　　　　　　運動

第 7 课　你在做什么呢？ 63
 1. 進行と持続のアスペクト
 2. "怎么"（1）＋動詞
 3. "除了……以外，……"
 4. 結果補語
 5. 使役文"让／叫"と"使"　　　　覚えよう！　　交通手段

第 8 课　你会说上海话吗？ 70
 1. 助動詞"会""能""可以"
 2. 存現文
 3. 様態補語を導く"得"
 4. "既……又……""又……又……"　覚えよう！　言語
 5. 二重目的語　　　　　　　　　　　　　　　　　重量の単位

第 9 课　你寒假打算去哪儿旅游？ 78
 1. "打算"＋動詞
 2. "刚"＋動詞
 3. "想"＋動詞
 4. "如果(／要是)……的话，……"　覚えよう！　果物
 5. "了"の使い方（3）　　　　　　　　　　　　　野菜

第 10 课　你下午 5 点之前写得完吗？ 85
 1. 反語の表現　"不是……吗"
 2. "好像……"
 3. 可能補語
 4. "把"構文
 5. 方向補語　　　　　　　　　　覚えよう！　　一日の生活

第 11 课　你怎么现在才来呢？ 92
 1. "怎么"（2）と"为什么"
 2. 受身の表現　A"被"B
 3. 禁止の表現　"别……／不要……"
 4. "虽然……，但是……"
 5. "只要……，就……"　　　　　覚えよう！　　職業

第 12 课　你下个月就要回国了吧？ 98
 1. 近い未来を表す"就要……了""快要……了""快……了""要……了"
 2. 強調の表現　"一点儿也(／一点儿都)"＋否定文
 3. "多"＋動詞
 4. 兼語文　　　　　　　　　　　覚えよう！　　外来語
 5. "又""再""还"　　　　　　　　　　　　　　　料理の系統と食品

語句索引 105
付録 127

[発音]

1. 声調

☞ 中国語の声調は4種類あるので「四声」と言います。そして、一部の漢字には「軽声」があります。

➢ 四声　　　　　　　　　　　　　　　　　　　　　　　⊙1-2

妈（母）　　麻（麻）　　马（馬）　　骂（叱る）
mā　　　　má　　　　mǎ　　　　mà

➢ 軽声　　　　　　　　　　　　　　　　　　　　　　　⊙1-3

吗（〜か）
ma

2. 母音　　　　　　　　　　　　　　　　　　　　　　　⊙1-4

a	o	e	i	u	ü	er
			(yi)	(wu)	(yu)	

- a　日本語の「ア」より口を大きく開けて発音する。
- o　日本語の「オ」よりもっと唇を丸くして発音する。
- e　日本語の「エ」を発音するときの唇の形で、喉の奥で「オ」を発音する。
- i　唇を左右にしっかり引き、日本語の「イ」を発音する。
- u　日本語の「ウ」よりもっと唇を突き出して発音する。
- ü　唇は「u」を発音するときの丸い形で「イ」を発音する。
- er　舌をそり上げながら、「e」を発音する。

3. 複合母音　　　　　　　　　　　　　　　　　　　　　⊙1-5

＞型 (しりすぼみ型)	ai	ei	ao	ou	
＜型 (発展型)	ia	ie	ua	uo	üe
	(ya)	(ye)	(wa)	(wo)	(yue)
◇型 (ひしもち型)	iao	iou	uai	uei	
	(yao)	(you / iu)	(wai)	(wei / ui)	

4. 子音 ◉1-6

	無気音	有気音		
両唇音 <small>りょうしんおん</small>	b(o)	p(o)	m(o)	f(o)
舌尖音 <small>ぜっせんおん</small>	d(e)	t(e)	n(e)	l(e)
舌根音 <small>ぜっこんおん</small>	g(e)	k(e)	h(e)	
舌面音 <small>ぜつめんおん</small>	j(i)	q(i)	x(i)	
そり舌音 <small>そりじたおん</small>	zh(i)	ch(i)	sh(i)	r(i)
舌歯音 <small>ぜっしおん</small>	z(i)	c(i)	s(i)	

[発音練習] ◉1-7

① 伯伯 (伯父さん) bó bo ― 婆婆 (姑、夫の母) pó po

 肚子 (腹) dù zi ― 兔子 (うさぎ) tù zi

② 歌 (歌) gē ― 科 (科) kē ― 喝 (飲む) hē

 鸡 (鶏) jī ― 七 (七) qī ― 西 (西) xī

③ 知 (知る) zhī ― 吃 (食べる) chī ― 诗 (詩) shī

 这 (この、これ) zhè ― 车 (車) chē ― 舌 (舌) shé

 乐 (楽しい) lè ― 热 (暑い、熱い) rè

④ 字 (字) zì ― 次 (回) cì ― 四 (4) sì

 租 (賃借りをする) zū ― 粗 (太い) cū ― 苏 (よみがえる、生き返る) sū

⑤ 杂技 (雑技) zá jì ― 杂志 (雑誌) zá zhì

⑥ 四 (4) sì ― 十 (10) shí ― 十四 (14) shí sì ― 四十 (40) sì shí ― 四十四 (44) sì shi sì

⑦ 我 知道 了。(わかりました。) Wǒ zhīdao le. ― 我 迟到 了。(私は遅刻しました。) Wǒ chídào le.

⑧ 休息 (休憩する、休む) xiū xi ― 学习 (学ぶ、勉強する) xué xí

5. 鼻母音　　　　　　　　　　　　　　　　　　　　　◎1-8

an	en	ian (yan)	in (yin)	uan (wan)	uen (un) (wen)	üan (yuan)	ün (yun)
ang	eng	iang (yang)	ing (ying)	uang (wang)	ueng (weng)	ong	iong (yong)

☞ **"an、ang" "en、eng" "in、ing" のルール**　　　　　　◎1-9

　"an、ang" "en、eng" "in、ing" のどちらの発音なのか迷った場合は、その中国語の漢字を日本語で音読みしてみましょう。もし日本語に「ン」という音が含まれていたら、中国語の発音は "an" "en" "in" になります。日本語の「ン」と中国語の "-n" には対応関係があるのです。

　shān（さん）　　shàng（じょう）　　qián（せん）　　qiáng（きょう）
　　山（山）　―　上（上）　　　錢（銭）　―　強（強）

［発音練習］　　　　　　　　　　　　　　　　　　　　◎1-10

① wán 完（終わる）― Wáng 王（王。姓）　　yǎn 眼（目）― yǎng 痒（痒い）
② jiàn 见（会う）― jiàng 酱（みそ）　　xiān 先（先に）― xiāng 香（香りがよい）
③ chuān 穿（着る、履く）― chuán 船（船）　chuāng 窗（窓）― chuáng 床（ベッド）
④ bēi zi 杯子（コップ）― bèi zi 被子（布団）　liánxì 联系（連絡する）― liànxí 练习（練習する）
　dǎ suan 打算（～するつもりだ）― dà suàn 大蒜（ニンニク）　máo yī 毛衣（セーター）― mào yì 贸易（貿易）
　Hán yǔ 韩语（韓国語）― Hàn yǔ 汉语（中国語）　shuǐ jiǎo 水饺（水ギョーザ）― shuì jiào 睡觉（寝る）
　jiàoshī 教师（教師）― jiàoshì 教室（教室）　wǔ huì 舞会（ダンスパーティー）― wù huì 误会（誤解）

声調記号の付け方 ◉1-11

☞ 基本的には母音「a o e i u ü」の順番に付けますが、「iu」が例外で、「u」に付けます。

diū	jiǔ	liú	niú
丢（なくす）	酒（酒）	流（流れる）	牛（牛）

r化 ◉1-12

☞ "r"が接尾辞としてつくことをr化（"儿化" érhuà）と言います。r化はもともと北方の話し言葉に多く見られる現象で、一部の単語は共通語にも採用されています。

huār	huàr	māor	wánr
花儿（花）	画儿（絵）	猫儿（猫）	玩儿（遊ぶ）

数字 ◉1-13

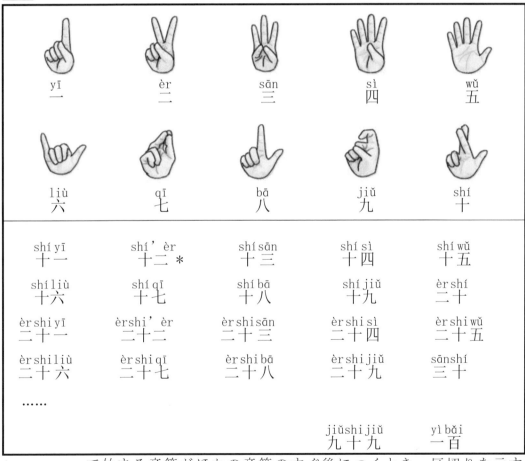

yī	èr	sān	sì	wǔ
一	二	三	四	五
liù	qī	bā	jiǔ	shí
六	七	八	九	十
shí yī	shí'èr	shí sān	shí sì	shí wǔ
十一	十二 ＊	十三	十四	十五
shí liù	shí qī	shí bā	shí jiǔ	èr shí
十六	十七	十八	十九	二十
èr shi yī	èr shi'èr	èr shi sān	èr shi sì	èr shi wǔ
二十一	二十二	二十三	二十四	二十五
èr shi liù	èr shi qī	èr shi bā	èr shi jiǔ	sān shí
二十六	二十七	二十八	二十九	三十

……

			jiǔshijiǔ	yì bǎi
			九十九	一百

＊ a、o、eで始まる音節がほかの音節のすぐ後につくとき、区切りを示す「'」（隔音記号、アポストロフィ）をつけなければなりません。

6. 声調の変化　　🔘1-14

(1)

| 第三声 ＋ 第三声 ⇒ **第二声** ＋ 第三声 |

nǐ hǎo
你 好（こんにちは）　　shǒubiǎo
手 表（腕時計）　　dǎ sǎo
打扫（掃除する）

(2) 「一 yī」の変調

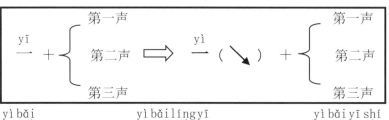

yì bǎi
一百 (100)　　yì bǎi líng yī
一百零一 (101)　　yì bǎi yī shí
一百一十 (110)

yì bǎi yī shi yī
一百一十一 (111) ……

yì qiān
一千 (1,000)　　yì qiān líng yī
一千零一 (1,001)　　yì qiān líng yī shí
一千零一十 (1,010)

yì qiān yì bǎi
一千一百 (1,100)　　yì qiān yì bǎi líng yī
一千一百零一 (1,101)　　yì qiān yì bǎi yī shi yī
一千一百一十一 (1,111)

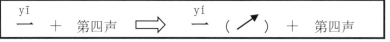

yí wàn
一万 (10,000)　　yí wàn líng yī
一万零一 (10,001)　　yí wàn líng yī shí
一万零一十 (10,010)

yí wàn líng yì bǎi
一万零一百 (10,100)　　yí wàn líng yì bǎi líng yī
一万零一百零一 (10,101) ……

yí yì
一亿 (100,000,000)

(3) 「不 bù」の変調

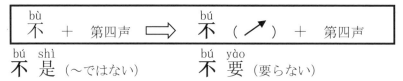

bú shì
不是（～ではない）　　bú yào
不要（要らない）

| 「不 bù ＋ 第一、二、三声」のとき、「不 bù」の声調は変わりません。 |

bù chī
不吃（食べない）　　bù néng
不能（できない）　　bù xiǎng
不想（～したくない）

[日常会話] 🎧1-15

1. 你好! (Nǐ hǎo!) (こんにちは。)

   您好! (Nín hǎo!) (こんにちは。〈初対面、或いは目上の人に使う〉)

   你们好! / 大家好! (Nǐmen hǎo! / Dàjiā hǎo!) (皆さん、こんにちは。)

2. 你早! (Nǐ zǎo!) (おはよう。)

   您早! / 早上好! (Nín zǎo! / Zǎoshang hǎo!) (おはようございます。)

   你们早! / 大家早! (Nǐmen zǎo! / Dàjiā zǎo!) (皆さん、おはようございます。)

3. 晚上好! (Wǎnshang hǎo!) (こんばんは。)

4. 好久不见(了)。/ 好久没见(了)。 (Hǎojiǔ bú jiàn (le). / Hǎojiǔ méi jiàn (le).) (お久しぶりです。)

5. 请坐! / 您请坐! (Qǐng zuò! / Nín qǐng zuò!) (座ってください。/お掛けになってください。)

6. A: 谢谢! (Xièxie!) (ありがとう。)

   太谢谢您了。 (Tài xièxie nín le.) (大変ありがとうございます。)

   B: 不客气。/ 别客气。/ 不(用)谢。 (Bú kèqi. / Bié kèqi. / Bú (yòng) xiè.) (どういたしまして。)

   哪里哪里。 (Nǎli nǎli.) (とんでもありません。)

7. A: 对不起。 (Duì bu qǐ.) (すみません。/ ごめんなさい。)

   B: 没关系。 (Méi guānxi.) (かまいません。)

8. A: 我先走了。 (Wǒ xiān zǒu le.) (お先に。)

   B: 请慢走。/ (您)慢走。 (Qǐng mànzǒu. / (Nín) mànzǒu.) (気をつけてください。)

   明天见! (Míngtiān jiàn!) (また明日。)

[教室用語] ◎1-16

1. 老师：*lǎoshī:* 同学们早！*Tóngxué men zǎo!*　（先生：学生の皆さん、おはようございます。）

   学生们：*xuésheng men:* 老师早！*Lǎoshī zǎo!*　（学生たち：先生、おはようございます。）

2. 老师：同学们好！*Tóngxué men hǎo!*　（学生の皆さん、こんにちは。）

   学生们：老师好！*Lǎoshī hǎo!*　（先生、こんにちは。）

3. 老师：同学们，请跟我念。*Tóngxué men, qǐng gēn wǒ niàn.*
   （学生の皆さん、私について読んでください。）

4. 老师：请再说一遍。*Qǐng zài shuō yí biàn.*　（もう一度言ってください。）

5. 老师：对！很好！／*Duì! Hěn hǎo!*　（その通りです。よくできました。）

   不对。*Bú duì.*　（正しくありません。）

6. 老师：今天的课就到这儿。*Jīntiān de kè jiù dào zhèr.*　（今日の授業はここまでです。）

   同学们辛苦了。*Tóngxué men xīnkǔ le.*　（学生の皆さん、ご苦労様でした。）

   学生们：老师辛苦了。*Lǎoshī xīnkǔ le.*　（先生、お疲れ様でした。）

7. 老师：下星期见！*Xiàxīngqī jiàn!*　（また来週お会いしましょう。）

   学生们：下星期见！*Xiàxīngqī jiàn!*　（また来週お目にかかります。）

8. 老师：再见！*Zàijiàn!*　（さようなら。）

   学生们：再见！*Zàijiàn!*　（さようなら。）

第 1 课　你是日本人吗？

🔘 1-18

1. 金华：你好！
2. 佐藤爱：你好！
3. 金华：请问，您贵姓？
4. 佐藤：我姓佐藤。你叫什么名字？
5. 金华：我叫金华。你是日本人吗？
6. 佐藤：是的，我是日本人。你是韩国人吗？
7. 金华：我不是韩国人，是中国人。我是北名大学经济系一年级的学生。你呢？
8. 佐藤：我也是北名大学经济系一年级的学生，是留学生。
9. 金华：以后请多多关照。
10. 佐藤：也请您多多关照。

课文的生词（本文の新出単語） ◎1-17

金华 Jīn Huá 金華。人名	韩国人 Hánguórén 名 韓国人
佐藤 爱 Zuǒténg Ài 佐藤愛。人名	不 bù 副 〜ない、動作・行為などを否定する
你 nǐ 代 あなた	
是 shì 動 〜である	中国人 Zhōngguórén 名 中国人
日本人 Rìběnrén 名 日本人	大学 dàxué 名 大学
吗 ma 助 疑問の語気を表す	经济 jīngjì 名 経済
你好 nǐ hǎo こんにちは	系 xì 名 学部
请问 qǐngwèn 動 お尋ねします	年级 niánjí 名 学年
您 nín 代 あなた、敬称	学生 xuésheng 名 学生
贵姓 guìxìng 〈敬〉 お名前、ご芳名	呢 ne 助 疑問の語気を表す
我 wǒ 代 私	也 yě 副 〜もまた
姓 xìng 動 姓は〜という	留学生 liúxuéshēng 名 留学生
叫 jiào 動 （姓名、名は）〜という	以后 yǐhòu 名 以後
什么 shénme 代 何（の）、どんな	请 qǐng 動 どうぞ（〜してください）
名字 míngzi 名 名前	多多 duōduō 形 とても多い
是的 shìde （肯定の返事）はい、そうです	关照 guānzhào 動 面倒をみる、世話をする
的 de 助 肯定の語気 助 〜の、定語を作る	

语法的生词（文法の新出単語） ◎1-19

书 shū 名 本	同学 tóngxué 名 同級生、学生、クラスメート
电脑 diànnǎo 名 パソコン	
本子 běnzi 名 ノート	电影 diànyǐng 名 映画
专业 zhuānyè 名 専攻	中国 Zhōngguó 名 中国
同事 tóngshì 名 同僚	朋友 péngyou 名 友達
爱人 àiren 名 配偶者、夫、妻	中文 Zhōngwén 名 中国語
阿姨 āyí 名 おばさん、お手伝いさん	杂志 zázhì 名 雑誌
公司 gōngsī 名 会社	美国人 Měiguórén 名 アメリカ人
学校 xuéxiào 名 学校	祝 zhù 動 祈る、願う
家 jiā 名 家、家族	周末 zhōumò 名 週末
老板 lǎobǎn 名 経営者、店主	愉快 yúkuài 形 愉快である
老师 lǎoshī 名 先生、教師	

语法(文法) yǔ fǎ

🔊 1-20

1. 人称代詞

①
	単　数	複　数
第一人称	wǒ 我 (私)	wǒmen 我们 (私たち) zánmen 咱们 (<聞き手も含む>私たち)
第二人称	nǐ 你 (あなた) nín 您 (あなた、"你"の敬称)	nǐmen 你们 (あなたたち)
第三人称	tā 他 (彼) tā 她 (彼女) tā 它 (それ、あれ)	tāmen 他们 (彼ら) tāmen 她们 (彼女たち) tāmen 它们 (それら、あれら)

☞ "您们" nínmen という言い方はしません。

2. 名前の聞き方と答え方

➤ 相手の名字のみを尋ねる場合

② A：您 贵 姓？ Nín guìxìng? 　　　　　(お名前は何とおっしゃいますか。)
　 B：我 姓 佐藤。 Wǒ xìng Zuǒténg. 　　　　　(私は佐藤と申します。)

➤ 相手のフルネームを尋ねる場合

③ A：你 叫 什么 名字？ Nǐ jiào shénme míngzi? 　　(お名前は何と言いますか。)
　 B：我 叫 金华。 Wǒ jiào Jīn Huá. 　　　　　(私は金華と申します。)

3. "是"の文

A＋"是"＋B　(AはBである)

④ 疑問文：你 是 日本人 吗？ Nǐ shì Rìběnrén ma? (あなたは日本人ですか。)
⑤ 肯定文：我 是 日本人。 Wǒ shì Rìběnrén. (私は日本人です。)
⑥ 否定文：我 不 是 日本人。 Wǒ bú shì Rìběnrén. (私は日本人ではありません。)

4. "的"の使い方 (1)
名詞＋"的"＋名詞 (～の～)

⑦ Wáng xiānsheng de shū　王先生**的**书（王さんの本）　　lǎo Wáng de zhuānyè　老王**的**专业（王さんの専攻）

Wáng nǚshì de diànnǎo　王女士**的**电脑（王さんのパソコン）　　xiǎo Wáng de tóngshì　小王**的**同事（王さんの同僚）

Wáng xiǎojie de běnzi　王小姐**的**本子（王さんのノート）　　Língmù xiānsheng de àiren　铃木先生**的**爱人（鈴木さんの奥様）

☞ 「人称代詞＋親族名称・所属機関・人間関係」の場合、"的"を省くことが多いです。

wǒ āyí　我阿姨（私のおば、私のお手伝いさん）　　tā jiā　他家（彼の家）

wǒmen gōngsī　我们公司（私たちの会社）　　tā lǎobǎn　她老板（彼女の店主）

tāmen xuéxiào　他们学校（彼らの学校）　　tāmen lǎoshī　她们老师（彼女たちの先生）

☞ 熟語化している語も"的"を省くことが多いです。

dàxué tóngxué　大学同学（大学の同級生）　　Zhōngguó péngyou　中国朋友（中国人の友達）

Rìběn diànyǐng　日本电影（日本の映画）　　Zhōngwén zázhì　中文杂志（中国語の雑誌）

5. 副詞"也"（も）

⑧ Tā yě shì Rìběnrén.　他**也**是日本人。　　（彼も日本人です。）

⑨ Lǎoshī yě bú shì Měiguórén.　老师**也**不是美国人。　　（先生もアメリカ人ではありません。）

【例外】

⑩ A: Yǐhòu qǐng duōduō guānzhào.　以后请多多关照。（これからどうぞよろしくお願いいたします。）

B: Yě qǐng nín duōduō guānzhào.　**也**请您多多关照。（こちらこそ〈よろしくお願いいたします〉。）

⑪ A: Zhù nǐ zhōumò yúkuài!　祝你周末愉快！　　（楽しい週末を。）

B: Yě zhù nǐ zhōumò yúkuài!　**也**祝你周末愉快！　　（あなたも〈楽しい週末を〉。）

练习(練習)
<small>liànxí</small>

I. 中国語で言ってみましょう。

1. <small>Dàjiā hǎo! Wǒ lái zìwǒ jièshào yíxià.</small>
   大家 好!我 来 自我 介绍 一下。我叫_____,

   是_____人。我是_____<small>dàxué</small>大学_____<small>xì</small>系

   _____<small>niánjí de xuésheng.</small>年级 的 学生。我的专业是_____。以后请多多

   关照。

   [来<small>lái</small>(他の動作の前に用い、動作に取り組む積極的な姿勢を示す)]
   [自我 介绍<small>zìwǒ jièshào</small>(自己紹介)] [一下<small>yíxià</small>(ちょっと⟨～する⟩)]

2. 我介绍一下。他(/她)是我的_____,叫_____,

   是_____人。

   [親友:好朋友<small>hǎopéngyou</small>] [古くからの友人:老朋友<small>lǎopéngyou</small>]
   [ボーイフレンド:男朋友<small>nánpéngyou</small>] [ガールフレンド:女朋友<small>nǚpéngyou</small>]

===覚えよう!

称呼 (呼称) <small>chēnghu</small>　　　　　　　　　　◎1-21

王 先生 <small>Wáng xiānsheng</small>	(王さん〈男性〉)
王 女士 <small>Wáng nǚshì</small>	(王さん〈既婚の女性、または女性に対する一般的な敬称〉)
王 小姐 <small>Wáng xiǎojie</small>	(王さん〈未婚の女性〉)
老 王 <small>lǎo Wáng</small>	(王さん〈目上の人や敬意を表すときに使う、比較的に年齢が上の一字姓の人に対する敬称〉)
小 王 <small>xiǎo Wáng</small>	(王さん〈親しい関係の、若いもしくは年下の一字姓の人に対する呼び方〉)

===

国名 (国名)　　　　　　　　　　　　　　　　　　　　　⦿1-22
_{guómíng}

_{Ào dà lì yà} 澳大利亚	(オーストラリア)	_{Rì běn} 日本	(日本)
_{Dé guó} 德国	(ドイツ)	_{Xīnjiāpō} 新加坡	(シンガポール)
_{É guó} 俄国	(ロシア)	_{Yì dà lì} 意大利	(イタリア)
_{Fǎ guó} 法国	(フランス)	_{Yìndù} 印度	(インド)
_{Hánguó} 韩国	(韓国)	_{Yìndùníxīyà} 印度尼西亚	(インドネシア)
_{Jiānádà} 加拿大	(カナダ)	_{Yīngguó} 英国	(イギリス)
_{Mǎláixīyà} 马来西亚	(マレーシア)	_{Yuènán} 越南	(ベトナム)
_{Měiguó} 美国	(アメリカ)	_{Zhōngguó} 中国	(中国)

===

系 (学部)　　　　　　　　　　　　　　　　　　　　　⦿1-23
_{xì}

_{fǎlǜ xì} 法律系	(法学部)	_{nóngxué xì} 农学系	(農学部)
_{gōngxué xì} 工学系	(工学部)	_{rénwén shèhuì xì} 人文社会系	(人文社会学部)
_{guójì jiāoliú xì} 国际交流系	(国際交流学部)	_{wénxué xì} 文学系	(文学部)
_{jīngjì xì} 经济系	(経済学部)	_{yīxué xì} 医学系	(医学部)
_{jīngyíng xì} 经营系	(経営学部)	_{Yīng-Měi xì} 英美系	(英米学部)

===

II. 中国語で書いてみましょう。
次の日本語の意味になるように、中国語の単語を並べ替えて、さらにピンインを書きなさい（漢字は崩したり略したりせずに書き、文中・文末には句読点や疑問符をつけること）。

1. お名前は何とおっしゃいますか。（名字のみを伺う場合）
ピンイン _____
訳 _____
貴　　姓　　您

2. あなたのボーイフレンドは日本人ですか。
ピンイン _____
訳 _____
是　你　日本人　吗　男朋友

3. 鈴木さん（女性）の店主はアメリカ人です。
ピンイン _____
訳 _____
铃木女士　美国人　的　老板　是

4. 彼のガールフレンドも北名大学経済学部の一年生です。
ピンイン _____
訳 _____
北名大学　一　是　经济　也　他　年级　女朋友　的　学生　系

5. A：これからどうぞよろしくお願いいたします。
ピンイン _____
訳 _____
关照　多多　以后　请

B：こちらこそよろしくお願いいたします。
ピンイン _____
訳 _____
关照　多多　您　也　请

第 2 课　你今天下午有课吗？
Dì èr kè　Nǐ jīntiān xiàwǔ yǒu kè ma?

🔊 1-25

1. 佐藤：金华，好久不见！
   Jīn Huá, hǎojiǔ bú jiàn!

2. 金华：好久不见！你最近忙吗？
   Hǎojiǔ bú jiàn! Nǐ zuìjìn máng ma?

3. 佐藤：我最近很忙。你怎么样？
   Wǒ zuìjìn hěn máng. Nǐ zěnmeyàng?

4. 金华：我不太忙。你今天下午有课吗？
   Wǒ bú tài máng. Nǐ jīntiān xiàwǔ yǒu kè ma?

5. 佐藤：我今天下午没有课，明天上午有两节汉语课。
   Wǒ jīntiān xiàwǔ méiyǒu kè, míngtiān shàngwǔ yǒu liǎng jié Hànyǔ kè.

6. 金华：是吗！
   Shì ma!

7. 佐藤：今天我没带表，现在几点？
   Jīntiān wǒ méi dài biǎo, xiànzài jǐ diǎn?

8. 金华：现在十点三刻。
   Xiànzài shí diǎn sān kè.

9. 佐藤：谢谢！……你看，我有两个包。哪个包好？
   Xièxie! Nǐ kàn, wǒ yǒu liǎng ge bāo. Nǎ ge bāo hǎo?

10. 金华：这个好。
    Zhè ge hǎo.

课文的生词 🔊1-24

| 今天 jīntiān 名今日
| 下午 xiàwǔ 名午後
| 有 yǒu 動①持っている、所有を表す
　　　　②ある、いる、存在を表す
| 课 kè 名授業
| 好久 hǎojiǔ 形（時間が）とても長い
| 见 jiàn 動会う
| 最近 zuìjìn 名最近、近ごろ
| 忙 máng 形忙しい
| 很 hěn 副とても
| 怎么样 zěnmeyàng 代どのような、どのように、どうですか
| 不太 bútài 副あまり〜ではない
| 没(有) méi(yǒu) 動ない、いない、持っていない
| 明天 míngtiān 名明日
| 上午 shàngwǔ 名午前
| 两 liǎng 数2、後に量詞を伴うことができる

| 节 jié 量〜コマ、授業を数える
| 汉语 Hànyǔ 名中国語
| 吗 ma 助話題を持ち出したり、聞き手の注意を促したりするときに用いる
| 带 dài 動携帯する
| 表 biǎo 名時計
| 现在 xiànzài 名今、現在
| 几 jǐ 数いくつ（10までの数を予想して〈月日・時刻などは例外〉尋ねるのに用いる）
| 点 diǎn 量〜時、時刻を表す
| 刻 kè 量15分（間）
| 谢谢 xièxie 動ありがとう
| 你看 nǐ kàn ほら、ごらんなさい
| 个 ge 量人や専用の量詞を用いないものを数える
| 包 bāo 名かばん
| 哪个 nǎge 代どの、どれ
| 这个 zhège 代この、これ

语法的生词 🔊1-26

| 认识 rènshi 動見知る、面識がある
| 高兴 gāoxìng 形うれしい
| 樱花 yīnghuā 名桜
| 好看 hǎokàn 形美しい
| 春节 Chūnjié 名旧正月、春節、旧暦の1月1日
| 热闹 rènao 形にぎやかである
| 公园 gōngyuán 名公園
| 里 li / lǐ 名中、〜の中
| 多 duō 形多い
| 人 rén 名人
| 手机 shǒujī 名携帯電話
| 和 hé 接〜と〜、並列を表す
| 姐姐 jiějie 名姉

| 冰箱 bīngxiāng 名冷蔵庫
| 鸡蛋 jīdàn 名（ニワトリの）卵
| 点钟 diǎnzhōng 量（時間の単位）時
| 哪 nǎ 代どの、どれ
| 双 shuāng 量〜組、〜膳、〜足、対をなすものを数える
| 鞋 xié 名靴
| 漂亮 piàoliang 形美しい
| 那 nà 代あの、その、あれ、それ
| 这些 zhèxiē 代これら（の）
| 谁 shuí / shéi〈口語〉代誰
| 课本 kèběn 名テキスト、教科書
| 李 Lǐ 李。姓

语法 ◉1-27

1. 副詞 "很"（とても）

☞ 肯定文では形容詞の前の "很" は特に強く発言しない限り、「とても」の意味は薄れます。

① A：你最近忙吗？ Nǐ zuìjìn máng ma? （あなたは最近忙しいですか。）
　 B：我最近很忙。你怎么样？ Wǒ zuìjìn hěn máng. Nǐ zěnmeyàng? （私は最近〈とても〉忙しいです。あなたはどうですか。）
　 A：我不太忙。 Wǒ bútài máng. （私はあまり忙しくないです。）

② A：认识您，我很高兴。 Rènshi nín, wǒ hěn gāoxìng. （お会いできて、私は〈とても〉うれしいです。）
　 B：认识您，我也很高兴。 Rènshi nín, wǒ yě hěn gāoxìng. （お会いできて、私も〈とても〉うれしいです。）

③ 日本的樱花很好看。 Rìběn de yīnghuā hěn hǎokàn. （日本の桜は〈とても〉きれいです。）

④ 中国的春节很热闹。 Zhōngguó de Chūnjié hěn rènao. （中国の春節〈旧正月〉は〈とても〉にぎやかです。）

☞ 裸の性質形容詞は「比較・対照」を表します。

⑤ 中国的春节热闹。 Zhōngguó de Chūnjié rènao. （中国の春節はにぎやかです［が、日本の春節は～］。）

2. 存在と所有を表す "有"（どこそこに～がある／いる、～を持っている）

⑥ 公园里有很多人。 Gōngyuán li yǒu hěn duō rén. （公園にはたくさんの人がいます。）

⑦ 他有手机和电脑。 Tā yǒu shǒujī hé diànnǎo. （彼は携帯電話とパソコンを持っています。）

☞ 動詞 "有" の否定形は "没有" です。

⑧ 我没有姐姐。 Wǒ méiyǒu jiějie. （私は姉がいません。）

⑨ 冰箱里没有鸡蛋。 Bīngxiāng li méiyǒu jīdàn. （冷蔵庫〈の中〉には〈ニワトリの〉卵がありません。）

3. 量詞

⑩
一把椅子 (一脚のいす)   yì bǎ yǐzi

六瓶乌龙茶 (六本のウーロン茶)   liù píng wūlóngchá

两杯咖啡 (二杯のコーヒー)   liǎng bēi kāfēi

七双筷子 (七膳のお箸)   qī shuāng kuàizi

三本词典 (三冊の辞書)   sān běn cídiǎn

八条裤子 (八本のズボン)   bā tiáo kùzi

四个面包 (四個のパン)   sì ge miànbāo

九张地图 (九枚の地図)   jiǔ zhāng dìtú

五件衣服 (五枚の服)   wǔ jiàn yīfu

十只猫 (十匹の猫)   shí zhī māo

＊ より詳しい量詞は「付録 1. 量詞」(p.127-132) を参照してください。

4. 時刻の聞き方と答え方

⑪ A：现在几点（钟）？ (今は何時ですか。)   Xiànzài jǐ diǎn (zhōng)?

B：现在两点（钟）。 (今は2時です。)   Xiànzài liǎng diǎn (zhōng).

5. 指示代詞

⑫

	zhè / 这 / zhè [ge] 这［个］ (この、これ)	nà / 那 / nà [ge] 那［个］ (あの、その、あれ、それ)	nǎ / 哪 / nǎ [ge] 哪［个］ (どの、どれ)
単　数			
複　数	zhèxiē 这些 (これら〈の〉)	nàxiē 那些 (あれら〈の〉、それら〈の〉)	nǎxiē 哪些 (どれ)

☞ 指示代詞の後ろに続く、あるいは言及する名詞によって、［　］の中の量詞を替えなければなりません。

☞ "这""那""哪"の口語の発音はそれぞれ"这""那""哪"となります。（zhèi nèi něi）

⑬ A：哪双鞋漂亮？ (どの靴がきれいですか。)   Nǎ shuāng xié piàoliang?

B：那双鞋漂亮。 (あの靴がきれいです。)   Nà shuāng xié piàoliang.

⑭ A：这些是谁的课本？ (これらはどなたのテキストですか。)   Zhèxiē shì shuí de kèběn?

B：这些是李老师的课本。 (これらは李先生のテキストです。)   Zhèxiē shì Lǐ lǎoshī de kèběn.

练习

I. 中国語で言ってみましょう。

1. A：现在<u>几点(钟)</u>？

   B：现在_____。

===================================== 覚えよう！

时间 (時点) (1) ◎1-28

líng chén 凌　晨 （早朝）	zhōng wǔ 中　午 （お昼）	bái tiān 白　天 （昼間）
zǎoshang 早　上 （朝）	xià wǔ 下　午 （午後）	wǎnshang 晚　上 （夜）
shàngwǔ 上　午 （午前）	bàngwǎn 傍　晚 （夕方）	shēnyè 深　夜 （深夜）

2:00	2:05	2:15
liǎng diǎn (zhōng) 两　点　(钟)	liǎng diǎn (líng) wǔ fēn 两　点　(零)　五　分	liǎng diǎn shí wǔ fēn 两　点　十　五　分
		liǎng diǎn yí kè 两　点　一　刻
2:30	**2:45**	**2:50**
liǎng diǎn sānshí fēn 两　点　三　十　分	liǎng diǎn sì shi wǔ fēn 两　点　四　十　五　分	liǎng diǎn wǔshí fēn 两　点　五　十　分
liǎng diǎn bàn 两　点　半	liǎng diǎn sān kè 两　点　三　刻	chà shí fēn sān diǎn 差　十　分　三　点
		sān diǎn chà shí fēn 三　点　差　十　分

=====================================

☞ 時刻を言うとき、2:00のようなちょうどの時間帯（正時）を強調したいとき、"钟"をつけることができますが、それ以外の場合、"钟"をつけることができません。

"nián" hé "tiān"
"年" 和 "天" (「年」と「日」)

🔘 1-29

	nián 年 (年)	tiān 天 (日)
-4	sì nián qián 四 年 前　　(4年前)	sì tiān qián 四 天 前　　(4日前)
-3	sān nián qián 三 年 前　　(3年前) dàqiánnián 大 前 年　　(さきおととし)	sān tiān qián 三 天 前　　(3日前) dàqiántiān 大 前 天　　(さきおととい)
-2	liǎng nián qián 两 年 前 (2年前) qiánnián 前 年　　　　(おととし)	liǎng tiān qián 两 天 前 (2日前) qiántiān 前 天　　　　(おととい)
-1	qùnián 去 年　　　(去年／昨年)	zuótiān 昨 天　　　　(昨日)
0	jīnnián 今 年　　　　(今年)	jīntiān 今 天　　　　(今日)
+1	míngnián 明 年　　　(来年)	míngtiān 明 天　　　　(明日)
+2	hòunián 后 年　　　(再来年) liǎng nián hòu 两 年 后　(2年後)	hòutiān 后 天　　　　(あさって) liǎng tiān hòu 两 天 后 (2日後)
+3	dàhòunián 大 后 年　　(明々後年) sān nián hòu 三 年 后　　(3年後)	dàhòutiān 大 后 天　　(しあさって) sān tiān hòu 三 天 后　　(3日後)
+4	sì nián hòu 四 年 后　　(4年後)	sì tiān hòu 四 天 后　　(4日後)

==

☞　日本語では「去年」、「昨年」という両方の言い方がありますが、中国語では"昨年"という言い方はしません。

2. A：你最近忙吗？

   B：我最近＿＿＿＿＿＿＿＿＿＿＿＿＿＿＿＿＿＿＿＿＿＿＿＿＿＿＿＿＿＿。

===

程度用语 (chéngdù yòngyǔ) (程度を表すさまざまな表現)　　　　　1-30

最~ (zuì) （最も~）	很~ (hěn) （とても~）
~极了 (jí le) （実に~）	比较~ (bǐjiào) （比較的~、割に~）
可~了 (kě le) （すごく~）	还可以 (hái kěyǐ) （まあまあ）
特别~ (tèbié) （特に~）	马马虎虎 (mǎmǎhūhū) （まあまあ＜不十分ながらよい＞）
非常~ / 十分~ (fēicháng / shífēn) （非常に~）	不太~ (bútài) （あまり~ではない）
不错 (búcuò) （よい、すばらしい、悪くない）	不~ (bù) （~ない）
挺~（的） (tǐng de) （なかなか~、とても~）	一点儿也不~ / 一点儿都不~ (yìdiǎnr yě bù / yìdiǎnr dōu bù) （少しも~ない）

===

3. 下表の例文にならって、文を作成しましょう。

	指示代詞	量詞	名詞	~
単数	哪	双	鞋	漂亮？
	这 那			漂亮。
複数	哪些	/	课本	是你的？
	这些 那些			是我的。

＊「第2課 文法3．量詞」(p.23)および「付録 1．量詞」(p.127-132)を応用してください。

II. 中国語で書いてみましょう。
次の日本語の意味になるように、中国語の単語を並べ替えて、さらにピンインを書きなさい（漢字は崩したり略したりせずに書き、文中・文末には句読点や疑問符をつけること）。

1. お久しぶりです。あなたは最近どうですか。

ピンイン _____

訳 _____

最近　　好久　　怎么样　　不　　你　　见

2. 彼はとても真面目です。　　　　　　　　　　［真面目である、真剣である：认真 rènzhēn］

ピンイン _____

訳 _____

认真　　很　　他

3. 王さん（男性）のお母さんはパソコンを持っていません。

ピンイン _____

訳 _____

先生　　电脑　　妈妈　　的　　没有　　王

4. どの傘が大きいですか。

［～本、柄や握りのあるものを数える：把 bǎ］［傘：伞 sǎn］［大きい：大 dà］

ピンイン _____

訳 _____

大　　哪　　伞　　把

5. この中華料理はとてもおいしいです。あのウーロン茶はあまりおいしくありません。

［中華料理：中国菜 Zhōngguócài］［おいしい（食べ物）：好吃 hǎochī］［おいしい（飲み物）：好喝 hǎohē］

ピンイン _____

訳 _____

那　　乌龙茶　　不太　　这个　　中国菜　　好喝　　很　　杯　　好吃

第 3 课　你家有几口人？

1. 金华：你家有几口人？都有什么人？
2. 佐藤：我家有四口人，爸爸、妈妈、哥哥和我。你家呢？
3. 金华：我家有三口人。我是独生子，没有兄弟姐妹。对了，你下星期天有空吗？
4. 佐藤：有空啊！你有什么事儿？
5. 金华：下星期天6月30号，是我的生日。你来不来我家？
6. 佐藤：是"生日宴会"吗？白天举行还是晚上举行？
7. 金华：我的"生日宴会"晚上6点开始。
8. 佐藤：大概有多少人参加？
9. 金华：一共12个人吧？他们都是我的朋友。我希望你也来。
10. 佐藤：好的，我一定去！那么，我们回教室吧！

课文的生词 🔊1-31

口 kǒu	量 家族を数える	来 lái	動 来る
都 dōu	副 みな、全部、いずれも	⇔ 去 qù	動 行く
爸爸 bàba	名 父さん、父	宴会 yànhuì	名 宴会
妈妈 māma	名 母さん、母	举行 jǔxíng	動 挙行する
哥哥 gēge	名 兄	还是 háishi	接 それとも
独生子 dúshēngzǐ	名 一人息子	开始 kāishǐ	動 始まる、始める
（独生女 dúshēngnǚ	名 一人娘）	大概 dàgài	副 おおかた
兄弟 xiōngdì	名 兄弟	参加 cānjiā	動 参加する
姐妹 jiěmèi	名 姉妹	一共 yígòng	副 合わせて
对了 duìle	（文頭に用い、相手または自分の注意を促す）そうだ	吧 ba	助 請求・推測・勧誘などの語気を表す
下星期天 xiàxīngqītiān	名 来週の日曜日	希望 xīwàng	動 望む、希望する
有空 yǒukòng	動 時間がある、暇がある	好的 hǎode	感 （文頭に用い、同意などを表す）よろしい
啊 a	助 感嘆や催促の語気を表す	一定 yídìng	副 きっと、必ず
事儿 shìr	名 事、用事	那(么) nà(me)	接 それでは
月 yuè	名 （暦の）月	回 huí	動 帰る
号 hào	量 〜日、（暦の）日	教室 jiàoshì	名 教室
生日 shēngrì	名 誕生日		

语法的生词 🔊1-33

班 bān	名 クラス	办法 bànfǎ	名 方法
多少 duōshao	代 どれほど、いくつ	真 zhēn	副 本当に、実に
贺词 hècí	名 お祝いの言葉、祝辞	教科书 jiàokēshū	名 教科書
快乐 kuàilè	形 楽しい	德国人 Déguórén	名 ドイツ人
电话 diànhuà	名 電話	华侨 huáqiáo	名 華僑
号码 hàomǎ	名 番号	附近 fùjìn	名 付近、近く
枝／支 zhī	量 〜本、花（枝単位）や細い棒状のものを数える	邮局 yóujú	名 郵便局
笔 bǐ	名 ペン、筆記具	吃 chī	動 食べる
钱 qián	名 お金	米饭 mǐfàn	名 御飯、ライス
块 kuài	量 元、通貨単位。"元 yuán" と同じ	喝 hē	動 飲む
父亲 fùqin	名 父	红茶 hóngchá	名 紅茶
多 duō	代 どれほど	绿茶 lǜchá	名 緑茶
大 dà	形 年上である	走 zǒu	動 歩く
岁数 suìshu	名 年齢	一起 yìqǐ	副 一緒に
年纪 niánjì	名 年齢	图书馆 túshūguǎn	名 図書館
岁 suì	量 〜歳、年齢を数える	开 kāi	動 （店などを）開く
		⇔关 guān	動 （店などを）閉める

语法

1. "几"と"多少"

☞ "几"は10以内の数の答えが予想されるときに使いますが、"多少"は答えの数の制限はありません。

☞ "几"と名詞の間には量詞が必要ですが、"多少"の場合は量詞を省略できます。

① A：Nǐ jīntiān yǒu jǐ jié kè?
　　你 今天 有 几 节 课？　　　　（あなたは今日は何コマありますか。）
　　B：Wǒ jīntiān yǒu sì jié kè.
　　我 今天 有 4 节 课。　　　　（私は今日は4コマあります。）

② A：Nǐmen bān yǒu duōshao (ge) xuésheng?
　　你们 班 有 多少 （个） 学 生？（あなたたちのクラスにはどのくらいの学生がいますか。）
　　B：Wǒmen bān yǒu sìshí ge xuésheng.
　　我们 班 有 40 个 学 生 。（私たちのクラスには40人の学生がいます。）

☞ 家族の人数を聞く場合は、"几 口 人"を使います。

③ A：Nǐ jiā yǒu jǐ kǒu rén?
　　你 家 有 几 口 人？　　　　（あなたの家は何人家族ですか。）
　　B：Wǒ jiā yǒu sān kǒu rén.
　　我 家 有 三 口 人。　　　　（私の家は3人家族です。）

☞ 年号、月日、曜日、時刻などの序数を聞く場合は、"几"を使います。

☞ 年月日、曜日、年齢、金額を表す文は"是"をよく省略しますが、否定の場合には省略できません。

④ A：Jīnnián jǐ jǐ nián?
　　今 年 几 几 年？　　　　（今年は何年ですか。）
　　B：Jīnnián èrlíngyīqī nián.
　　今 年 2017 年 。　　　　（今年は2017年です。）

⑤ A：Jīntiān jǐ yuè jǐ hào?
　　今 天 几 月 几 号？　　　　（今日は何月何日ですか。）
　　B：Jīntiān liù yuè shíbā hào.
　　今 天 6 月 18 号 。　　　　（今日は6月18日です。）

⑥ A：Nǐ de shēngrì (shì) jǐ yuè jǐ hào?
　　你 的 生 日 （是） 几 月 几 号？（あなたの誕生日は何月何日ですか。）
　　B：Wǒ de shēngrì (shì) qī yuè yī hào.
　　我 的 生 日 （是） 7 月 1 号 。（私の誕生日は7月1日です。）

shēngrì hècí
生 日 贺词（誕生日におけるお祝いの言葉）

> Zhù nǐ shēngrì kuàilè!
> 祝 你 生 日 快 乐！　　　　（お誕生日おめでとうございます。）

⑦ A: Hòutiān xīngqī jǐ?
　　后天 星期几？　　　　　　　　（あさっては何曜日ですか。）
　　Hòutiān xīngqī liù.
　B: 后天 星期六。　　　　　　　　（あさっては土曜日です。）

⑧ A: Xiànzài jǐ diǎn (zhōng)?
　　现在 几点（钟）？　　　　　　（今は何時ですか。）
　　Xiànzài shí diǎn (zhōng).
　B: 现在 10 点（钟）。　　　　　　（今は10時です。）

☞ 電話番号を伺う場合は、"多少"を使います。

⑨ A: Qǐngwèn, nǐ de diànhuà hàomǎ shì duōshao?
　　请问，你的 电话 号码 是 多少？
　　　　　　　　　（お尋ねしますが、あなたの電話番号は何番ですか。）
　　Wǒ de diànhuà hàomǎ shì yāosānwǔyāo'èrsānsìwǔliùqībā.
　B: 我的 电话 号码 是 135 1234 5678。
　　　　　　　　　（私の電話番号は 135-1234-5678 です。）

☞ お金の額を聞く場合は、"多少 钱"を使います。

⑩ A: Zhè zhī bǐ duōshao qián?
　　这 枝 笔 多少 钱？　　　　　（このペンはいくらですか。）
　　Zhè zhī bǐ shíwǔ kuài.
　B: 这 枝 笔 15 块。　　　　　　（このペンは15元です。）

☞ 年齢を尋ねるさまざまな言い方があります。

⑪ A: Nín fùqin duō dà suìshu (le)? /
　　您 父亲 多大 岁数（了）？ /
　　Nín fùqin duō dà niánjì (le)?
　　您 父亲 多大 年纪（了）？　（あなたのお父さんはいくつにおなり
　　　　　　　　　　　　　　　　　ですか。）
　　Wǒ fùqin qīshíwǔ suì (le).
　B: 我 父亲 75 岁（了）。　　　（私の父は75歳です。）

⑫ A: Nǐ duō dà (le)?
　　你 多大（了）？　　　　　　　（あなたはいくつですか。）
　　Wǒ èrshisān suì (le).
　B: 我 23 岁（了）。　　　　　　（私は23歳です。）

⑬ A: Nǐ jǐ suì (le)?
　　你 几岁（了）？　　　　　　　（あなたは何歳ですか。）
　　Wǒ bā suì (le).
　B: 我 8 岁（了）。　　　　　　　（私は8歳です。）

2. 副詞 "都"（みな、全部、いずれも）

⑭ Dàjiā dōu shuō zhège bànfǎ zhēn búcuò.
　大家 都 说 这个 办法 真 不错。
　　　　　　　　　（みんなはこのやり方が本当にすばらしいと言います。）

⑮ Zhèxiē jiàokēshū yě dōu tǐng hǎo de.
　这些 教科书 也 都 挺 好 的。（これらの教科書もみなとてもいいです。）

> | bù dōu shì |
> | "不 都 是" （<部分否定>みな〜というわけではありません） |
> | dōu bú shì |
> | "都 不 是" （<全部否定>みな〜ではありません） |

⑯ 他们 **不 都 是** 德国人。 （彼らはみなドイツ人というわけではありません。）
Tāmen bù dōu shì Déguórén.

⑰ 他们 **都 不 是** 华侨。 （彼らはみな華僑ではありません。）
Tāmen dōu bú shì huáqiáo.

3. 反復疑問文

⑱ A：你 家 附近 **有没有** 邮局？ （あなたの家の近くに郵便局はありますか。）
Nǐ jiā fùjìn yǒuméiyǒu yóujú?
B：我 家 附近 没有 邮局。 （私の家の近くに郵便局はありません。）
Wǒ jiā fùjìn méiyǒu yóujú.

⑲ A：你 **吃不吃** 米饭？ （あなたはライスを食べますか。）
Nǐ chī bu chī mǐfàn?
B：我 不 吃 米饭。 （私はライスを食べません。）
Wǒ bù chī mǐfàn.

4. A "还是" B （A それとも B）

⑳ A：今 天 是 星期三 **还是** 星期四？
Jīntiān shì xīngqīsān háishi xīngqīsì?
　　　（今日は水曜日ですか、それとも木曜日ですか。）
B：今 天 是 星期三。 （今日は水曜日です。）
Jīntiān shì xīngqīsān.

㉑ A：你 喝 红茶 **还是** 绿茶？
Nǐ hē hóngchá háishi lǜchá?
　　　（紅茶を飲みますか、それとも緑茶を飲みますか。）
B：我 喝 绿茶。 （私は緑茶を飲みます。）
Wǒ hē lǜchá.

5. "……吧" の使い方

➢ **推測**（〜でしょう）

㉒ 一共 12 个 人 **吧**？ （全部で12人でしょう。）
Yígòng shí'èr ge rén ba?

➢ **要請**（〜してください）

㉓ 你 来 我 家 **吧**！ （我が家に来てください。）
Nǐ lái wǒ jiā ba!

➢ **勧誘**（〜しましょう）

㉔ A：走！一起 去 图书馆 **吧**！ （行きましょう。一緒に図書館へ行きましょう。）
Zǒu! Yìqǐ qù túshūguǎn ba!
B：图书馆 几 点 开？ （図書館は何時からですか。）
Túshūguǎn jǐ diǎn kāi?

練習

I. 中国語で言ってみましょう。

1. A：你家有几口人？都有什么人？

   B：_____

   _____

===覚えよう！

家人 (家族) jiārén ⊙1-35

33

2. A: 后天 星期几？／ 下个月5号 星期几？ 下星期五 几月几号？

   B：_____。

===

时间 (時点) (2) ◎1-36
「曜日」の言い方

月曜日	火曜日	水曜日	木曜日	金曜日	土曜日	日曜日
zhōuyī 周一	zhōu'èr 周二	zhōusān 周三	zhōusì 周四	zhōuwǔ 周五	zhōuliù 周六	zhōurì 周日
xīngqī yī 星期一	xīngqī'èr 星期二	xīngqī sān 星期三	xīngqī sì 星期四	xīngqī wǔ 星期五	xīngqī liù 星期六	xīngqī rì 星期日 xīngqī tiān 星期天
lǐbài yī 礼拜一	lǐbài'èr 礼拜二	lǐbài sān 礼拜三	lǐbài sì 礼拜四	lǐbài wǔ 礼拜五	lǐbài liù 礼拜六	lǐbài tiān 礼拜天

===

"月"和"星期" (「月」と「週」) ◎1-37

	yuè 月 （月）	xīngqī 星期 （週）
-3	sān ge yuè qián 三 个 月 前 （3ヵ月前）	sān (ge) xīngqī qián 三 (个) 星 期 前 （3週間前）
-2	liǎng ge yuè qián 两 个 月 前 （2ヵ月前） shàngshàng ge yuè 上 上 个 月 （先先月）	liǎng (ge) xīngqī qián 两 (个) 星 期 前 （2週間前） shàngshàng ge xīngqī 上 上 个 星 期 （先先週）
-1	yí ge yuè qián 一 个 月 前 （1ヵ月前） shàng ge yuè 上 个 月 （先月）	yí (ge) xīngqī qián 一 (个) 星 期 前 （1週間前） shàng (ge) xīngqī 上 (个) 星 期 （先週）
0	zhège yuè 这个 月 （今月）	zhè (ge) xīngqī 这 (个) 星 期 （今週）
+1	xià ge yuè 下 个 月 （来月） yí ge yuè hòu 一 个 月 后 （1ヵ月後）	xià (ge) xīngqī 下 (个) 星 期 （来週） yí (ge) xīngqī hòu 一 (个) 星 期 后 （1週間後）
+2	xiàxià ge yuè 下 下 个 月 （再来月） liǎng ge yuè hòu 两 个 月 后 （2ヵ月後）	xiàxià ge xīngqī 下 下 个 星 期 （再来週） liǎng (ge) xīngqī hòu 两 (个) 星 期 后 （2週間後）
+3	sān ge yuè hòu 三 个 月 后 （3ヵ月後）	sān (ge) xīngqī hòu 三 (个) 星 期 后 （3週間後）

===

3.　A：这个包 多少钱？

　　B：这个包 ＿＿＿＿＿＿＿＿＿＿＿＿＿＿＿＿＿＿＿＿＿＿＿＿＿＿＿。

===

人民币的单位 rénmínbì de dānwèi （中国法定貨幣の単位）　　⊙1-38

	yuán	jiǎo	fēn	
書き言葉	元	角	分	＊1元＝10角＝100分
話し言葉	kuài 块	máo 毛	fēn 分	＊1块＝10毛＝100分

2.05元　　liǎng yuán líng wǔ fēn / liǎng kuài líng wǔ (fēn)
　　　　　两　元　零　五　分　/　两　块　零　五　(分)

2.50元　　liǎng yuán wǔ jiǎo / liǎng kuài wǔ (máo)
　　　　　两　元　五　角　/　两　块　五　(毛)

12.55元　shí'èr yuán wǔ jiǎo wǔ fēn /
　　　　　十二　元　五　角　五　分　/
　　　　　shí'èr kuài wǔ máo wǔ (fēn)
　　　　　十二　块　五　毛　五　(分)

===

＊ 「第2課 文法3. 量詞」(p.23) および 付録 1. 量詞」(p.127-132) を応用してください。

4.　A：你喝红茶还是(喝)绿茶？

　　B：我喝＿＿＿＿＿＿＿＿＿＿＿＿＿＿＿＿＿＿＿＿＿＿＿＿＿＿＿＿＿。

===

饮料 yǐnliào （飲み物）　　⊙1-39

huāchá 花茶	（花茶）	kělè 可乐	（コーラ）
mòlì huāchá 茉莉花茶	（ジャスミン茶）	píngguǒ zhī 苹果汁	（リンゴジュース）
pǔ'ěrchá 普洱茶	（プーアル茶）	Xuěbì 雪碧	（スプライト）
wūlóngchá 乌龙茶	（ウーロン茶）	píjiǔ 啤酒	（ビール）
chéngzhī 橙汁	（オレンジジュース）	Rìběnjiǔ 日本酒	（日本酒）
kāfēi 咖啡	（コーヒー）	shàoxīngjiǔ 绍兴酒	（紹興酒）

II. 中国語で書いてみましょう。
次の日本語の意味になるように、中国語の単語を並べ替えて、さらにピンインを書きなさい（漢字は崩したり略したりせずに書き、文中・文末には句読点や疑問符をつけること）。

1. 私は一人娘で、兄弟姉妹がいません。
ピンイン _____
訳 _____

没有　　兄弟　　姐妹　　是　　我　　独生女

2. あなたは来週の日曜日は空いていますか。
ピンイン _____
訳 _____

下星期天　　吗　　有空　　你

3. あなたはあさって銀行に行きますか。（反復疑問文）　　［銀行：银行 yínháng］
ピンイン _____
訳 _____

银行　　后天　　你　　去不去

4. お尋ねしますが、あなたの電話番号は何番ですか。
ピンイン _____
訳 _____

电话号码　　的　　你　　是　　请问　　多少

5. あなたの同僚はアメリカ人ですか、それともドイツ人ですか。
ピンイン _____
訳 _____

你　　美国人　　还是　　是　　的　　德国人　　同事

第 4 课　你老家在哪里？

Dì sì kè　　Nǐ lǎojiā zài nǎ li?

1. 金华：你老家在哪里？
   Nǐ lǎojiā zài nǎ li?

2. 佐藤：我老家在名古屋。你呢？
   Wǒ lǎojiā zài Mínggǔwū. Nǐ ne?

3. 金华：我老家在北京。你现在住在哪里？
   Wǒ lǎojiā zài Běijīng. Nǐ xiànzài zhùzài nǎ li?

4. 佐藤：我住在学校附近。
   Wǒ zhùzài xuéxiào fùjìn.

5. 金华：从你家到学校要多长时间？
   Cóng nǐ jiā dào xuéxiào yào duō cháng shíjiān?

6. 佐藤：从我家到学校只要10分钟，上学很方便。你呢？
   Cóng wǒ jiā dào xuéxiào zhǐ yào shí fēnzhōng, shàngxué hěn fāngbiàn. Nǐ ne?

7. 金华：我家离学校比较远，路上要1个半小时左右。
   Wǒ jiā lí xuéxiào bǐjiào yuǎn, lùshang yào yí ge bàn xiǎoshí zuǒyòu.

8. 佐藤：你早上几点起床？
   Nǐ zǎoshang jǐ diǎn qǐ chuáng?

9. 金华：我早上5点半得起床。……这件衬衫样子真好看！
   Wǒ zǎoshang wǔ diǎn bàn děi qǐ chuáng. Zhè jiàn chènshān yàngzi zhēn hǎokàn!

10. 佐藤：真的吗？谢谢！
    Zhēn de ma? Xièxie!

课文的生词　🔊1-40

老家 lǎojiā 名 故郷、実家
在 zài 動 ある、いる、所在を表す
　　　介 ～で、～に（場所・時間・範囲を導く）
哪里 nǎli 代 どこ
名古屋 Mínggǔwū 名 名古屋
北京 Běijīng 名 北京
住 zhù 動 住む、泊まる
从 cóng 介 ～から、起点を表す
到 dào 動 到着する、行く
要 yào 動 要る
长 cháng 形 長い
只 zhǐ 副 ただ～するだけである

分钟 fēnzhōng 量 分、分間
上学 shàng//xué 動 登校する、通学する
方便 fāngbiàn 形 便利である
离 lí 介 ～から。～まで。基点を表す
远 yuǎn 形 遠い
路上 lùshang 名 道中
半 bàn 数 2分の1、半
小时 xiǎoshí 名 ～時間、時間の単位
左右 zuǒyòu 名 左右、～前後、～くらい
起床 qǐ//chuáng 動 起床する
得 děi 助動 ～しなければならない
衬衫 chènshān 名 ブラウス、ワイシャツ
样子 yàngzi 名 デザイン

语法的生词　🔊1-42

厕所 cèsuǒ 名 トイレ
　（卫生间 wèishēngjiān 名 バスルーム・トイレの総称)
　（洗手间 xǐshǒujiān 名 トイレ、手洗い)
哪儿 nǎr 代 〈口語〉どこ
楼 lóu 名 階、フロア
东边 dōngbian 名 東、東の方
王 Wáng 王。姓
茶杯 chábēi 名 ティーカップ
桌子 zhuōzi 名 テーブル、机
酱油 jiàngyóu 名 醤油
厨房 chúfáng 名 台所
总是 zǒngshì 副 いつも
房间 fángjiān 名 部屋
看 kàn 動 見る、読む
电视 diànshì 名 テレビ
生 shēng 動 生まれる
长 zhǎng 動 成長する
车站 chēzhàn 名 駅
医院 yīyuàn 名 病院
学 xué 動 学ぶ、勉強する
游泳 yóuyǒng 名 水泳
超市 chāoshì 名 スーパー
近 jìn 形 近い

孙子 sūnzi 名 孫
还 hái 副 まだ
每天 měitiān 名 毎日
跳舞 tiào//wǔ 動 踊る
要 yào 助動 ～しなければならない
年轻人 niánqīngrén 名 若者
好好儿 hǎohāor 副 十分に、しっかりと
学习 xuéxí 動 学ぶ、勉強する
技术 jìshù 名 技術
工作 gōngzuò 動 仕事をする
成绩 chéngjì 名 成績
头 tóu 名 頭
痛 tòng 形 痛い
已经 yǐjīng 副 すでに、もう
风景 fēngjǐng 名 風景
多么 duōme 副 なんと
美丽 měilì 形 美しい
舒服 shūfu 形 体調がよい
肚子 dùzi 名 腹
疼 téng 形 痛い
个子 gèzi 名 背丈
高 gāo 形 高い
米 mǐ 量 メートル

语法 🔊 1-43

1. 存在を表す"在"（～はどこそこにある / いる）

➢ "在"＋場所

① A：请问，厕所 在 哪儿？　　（お尋ねしますが、トイレはどこにありますか。）
　　Qǐngwèn, cèsuǒ zài nǎr?

　　B：厕所 在 二楼。　　（トイレは二階にあります。）
　　Cèsuǒ zài èr lóu.

② 日本 在 中国 的 东边。　　（日本は中国の東側にあります。）
　　Rìběn zài Zhōngguó de dōngbian.

== 覚えよう！

方位词 fāngwèicí（方位詞）　🔊 1-44

上、上の方	下、下の方	前、前の方	後、後の方	左、左の方	右、右の方	中、中の方
shàngbian 上边	xiàbian 下边	qiánbian 前边	hòubian 后边	zuǒbian 左边	yòubian 右边	lǐbian 里边
shàngmian 上面	xiàmian 下面	qiánmian 前面	hòumian 后面	zuǒmian 左面	yòumian 右面	lǐmian 里面
外、外の方	東、東の方	南、南の方	西、西の方	北、北の方	脇、隣、そば	向かい、真正面
wàibian 外边	dōngbian 东边	nánbian 南边	xībian 西边	běibian 北边	pángbiān 旁边	—
wàimian 外面	dōngmian 东面	nánmian 南面	xīmian 西面	běimian 北面	—	duìmiàn 对面

==

☞ "中国""上海""名古屋"などの国名・都市名・場所名には、場所を表すときに方位詞"上(边 / 面)""下(边 / 面)""里(边 / 面)"などはつけません。場所を表す意味を含む名詞（"家""学校"など）にもつけないことがあります。

"在"＋場所＋"上"

③ 王 先生 的 茶杯 在 桌子 上。
　　Wáng xiānsheng de chábēi zài zhuōzi shang.
　　　　　　（王さんのティーカップはテーブル〈の上〉にあります。）

"在"＋場所＋"里"

④ 酱油 在 厨房 里。　　（醬油は台所〈の中〉にあります。）
　　Jiàngyóu zài chúfáng li.

- 介詞の"在"

  "在"＋場所＋動詞

  ⑤ 小王总是<u>在</u>房间里看电视。
  Xiǎo Wáng zǒngshì zài fángjiān li kàn diànshì.
  （王さんはいつも部屋でテレビを見ます。）

  動詞（"生 / 长 / 住"）＋"在"＋場所
  shēng / zhǎng / zhù
  （出生・発生・成長・生活・居住の場所を示す。到達点を表す）

  ⑥ A：你现在<u>住在</u>哪里？ （あなたは今どこに住んでいますか。）
  Nǐ xiànzài zhùzài nǎlǐ?

  B：我<u>住在</u>学校附近。 （私は学校の近くに住んでいます。）
  Wǒ zhùzài xuéxiào fùjìn.

2. 場所代詞

⑦

	近称	遠称	疑問
書き言葉	zhèli 这里 （ここ）	nàli 那里 （そこ、あそこ）	nǎli / shénme dìfang 哪里 / 什么 地方 （どこ）
話し言葉	zhèr 这儿 （ここ）	nàr 那儿 （そこ、あそこ）	nǎr 哪儿 （どこ）

3. 基点と起点の表現

- "从……到……"（～から～まで）

  ⑧ <u>从</u>车站<u>到</u>医院不太远。 （駅から病院まではあまり遠くありません。）
  Cóng chēzhàn dào yīyuàn bútài yuǎn.

  ⑨ 我们<u>从</u>下午3点<u>到</u>4点半学游泳。
  Wǒmen cóng xiàwǔ sān diǎn dào sì diǎn bàn xué yóuyǒng.
  （私たちは午後の3時から4時半まで水泳を学びます。）

- "(……) 离……"（～から / ～まで、基点からの隔たりを導く）

  ⑩ 我家<u>离</u>超市很近。 （私の家はスーパーから</まで>はくとても>近いです。）
  Wǒ jiā lí chāoshì hěn jìn.

  ⑪ <u>离</u>他孙子的生日还有两天。
  Lí tā sūnzi de shēngrì hái yǒu liǎng tiān.
  （彼の孫の誕生日まであと二日間あります。）

> "从……开始"（〜から、起点を表す）

⑫ 老王每天**从**晚上8点**开始**跳舞。
　Lǎo Wáng měitiān cóng wǎnshang bā diǎn kāishǐ tiàowǔ.
（王さんは毎日夜の8時からダンスを始めます。）

4. "得／要"＋動詞（〜しなければならない）

⑬ 年轻人**得（／要）**好好儿学习技术。
　Niánqīngrén děi (/ yào) hǎohāor xuéxí jìshù.
（若者は技術をきちんと学ばなければなりません。）

⑭ 我今天下午**得（／要）**工作。
　Wǒ jīntiān xiàwǔ děi (/ yào) gōngzuò.
（私は今日の午後、仕事をしなければなりません。）

5. 主述述語文
主語1＋主語2＋述語

⑮ 这件衬衫样子不错。　　　（このブラウスはデザインがなかなかいいです。）
　Zhè jiàn chènshān yàngzi búcuò.

⑯ 她成绩很好。　　　　　　（彼女は成績が〈とても〉いいです。）
　Tā chéngjì hěn hǎo.

⑰ 他爷爷头很痛，已经去医院了。
　Tā yéye tóu hěn tòng, yǐjīng qù yīyuàn le.
（彼のお祖父さんは頭が〈とても〉痛かったので、もう病院に行きました。）

⑱ 这儿风景多么美丽啊！　　（ここは風景がなんと美しいのだろう。）
　Zhèr fēngjǐng duōme měilì a!

⑲ A：你哪儿不舒服？　　　（あなたはどこが気持ち悪いのですか。）
　　Nǐ nǎr bù shūfu?
　B：我肚子疼。　　　　　（私はお腹が痛いです。）
　　Wǒ dùzi téng.

⑳ A：你个子有多高？　　　（あなたは身長がどのくらいありますか。）
　　Nǐ gèzi yǒu duō gāo?
　B：我一米七六。　　　　（私は1メートル76です。）
　　Wǒ yì mǐ qī liù.

练习

I. 中国語で言ってみましょう。

1. A：你老家在<u>哪里</u>?

   B：我老家在_____。

===

地名 dìmíng （地名）　　　　　　　　　　　　　🔘1-45

Běihǎidào 北海道	（北海道）	Mínggǔwū 名古屋	（名古屋）
Chōngshéng 冲绳	（沖縄）	Nàiliáng 奈良	（奈良）
Dàbǎn 大阪	（大阪）	Shénhù 神户	（神戸）
Dōngjīng 东京	（東京）	Jiùjīnshān 旧金山	（サンフランシスコ）
Jīngdū 京都	（京都）	Lúndūn 伦敦	（ロンドン）
Héngbīn 横滨	（横浜）	Niǔyuē 纽约	（ニューヨーク）

Àomén 澳门	（マカオ）	Qīngdǎo 青岛	（青岛）
Běijīng 北京	（北京）	Shànghǎi 上海	（上海）
Chángchūn 长春	（長春）	Shàoxīng 绍兴	（紹興）
Dàlián 大连	（大連）	Shēnzhèn 深圳	（深圳）
Dūnhuáng 敦煌	（敦煌）	Shěnyáng 沈阳	（瀋陽）
Guǎngzhōu 广州	（広州）	Sìchuān 四川	（四川）
Guìlín 桂林	（桂林）	Sūzhōu 苏州	（蘇州）
Hǎinándǎo 海南岛	（海南島）	Táiwān 台湾	（台湾）
Hángzhōu 杭州	（杭州）	Tiānjīn 天津	（天津）
Jiǔzhàigōu 九寨沟	（九寨溝）	Xī'ān 西安	（西安）
Nánjīng 南京	（南京）	Xiānggǎng 香港	（香港）

===

2. A：从你家到学校要多长时间？

   B：_____。

==

期间 qī jiān （期間〈時間量〉） ◉1-46

几年 jǐ nián （何年間）	几个月 jǐ ge yuè （何カ月）
几天 jǐ tiān （何日間）	几（个）星期 jǐ (ge) xīngqī （何週間）
几分钟 jǐ fēnzhōng （何分間）	几（个）小时 jǐ (ge) xiǎoshí （何時間）

☞ "年"と"天"のときは、"半"の位置は日本語も中国語も同じです。

一年半 yì nián bàn （1年半）	一年 yì nián （1年）
一天半 yì tiān bàn （1日半）	一天 yì tiān （1日）

☞ "分钟"のときは、"半"を"分"と"钟"の間に入れます。

一分半（钟） yì fēn bàn (zhōng) （1分半）	一分钟 yì fēnzhōng （1分間）

☞ "月"と"小时"のとき、"半"の位置は日本語と中国語で異なります。

一个半月 yí ge bàn yuè （1カ月半）	一个月 yí ge yuè （1カ月）
	一（个）星期 yí (ge) xīngqī （1週間）
一个半小时 yí ge bàn xiǎoshí （1時間半）	一（个）小时 yí (ge) xiǎoshí （1時間）

==

II. 中国語で書いてみましょう。
次の日本語の意味になるように、中国語の単語を並べ替えて、さらにピンインを書きなさい（漢字は崩したり略したりせずに書き、文中・文末には句読点や疑問符をつけること）。

1. 私は学校の近くに住んでいます。
ピンイン _____
訳 _____

我　附近　住在　学校

2. 彼の会社からコンビニエンスストアまではわずか10分しかかかりません。
［コンビニエンスストア：便利店 biànlìdiàn］
ピンイン _____
訳 _____

到　他　只　从　要　10分钟　便利店　公司

3. 学校は空港までわりと遠いので、道中は1時間半かかります。
［空港：机场 jīchǎng］
ピンイン _____
訳 _____

一　离　远　学校　半　要　比较　机场　路上　个　小时

4. 私は朝5時半に起きなければなりません。
ピンイン _____
訳 _____

我　5点　起床　早上　得　半

5. このブラウスは色が本当にきれいです。
ピンイン _____
訳 _____

这　颜色　好看　衬衫　件　真

第 5 课　你昨天做什么了？

1. 金华：你昨天做什么了？
2. 佐藤：我昨天去书店买书了。
3. 金华：你买什么书了？
4. 佐藤：我买了一本非常有意思的英文小说。你干什么了？
5. 金华：我上午在家复习了两个半小时功课，下午去百货商店买了一件毛衣。
6. 佐藤：这是你昨天买的新毛衣吗？
7. 金华：是的。这件毛衣颜色怎么样？
8. 佐藤：颜色好看极了，很适合你。是在哪家百货商店买的？
9. 金华：是在第一百货商店买的。
10. 佐藤：第一百货商店？我从来没去过那儿。过几天你带我去吧！

课文的生词　🔊1-47

- 做 zuò 動 する、やる
- 书店 shūdiàn 名 書店
- 买 mǎi 動 買う
- 有意思 yǒu yìsi 面白い
- 英文 Yīngwén 名 英語
- 小说 xiǎoshuō 名 小説
- 干 gàn 動 する、やる
- 复习 fùxí 動 復習する
- 功课 gōngkè 名 授業、宿題、勉強
- 百货商店 bǎihuò shāngdiàn 名 デパート
- 毛衣 máoyī 名 セーター
- 的 de 助 動作がすでに行われたことを表す
- 新 xīn 形 新しい
- 颜色 yánsè 名 色
- 适合 shìhé 動 （実際の状況や客観的な要求に）適合する、ちょうど合う、ふさわしい
- 家 jiā 量 〜軒、店などを数える
- 从来 cónglái 副 これまでずっと
- 过 guo 助 〜したことがある、過去の経験を表す
- 过 guò 動 過ごす、過ぎる
- 带 dài 動 （人を）引き連れる

语法的生词　🔊1-49

- 没(有) méi(you) 副 〜なかった、〜していない
- 茶 chá 名 お茶
- 东西 dōngxi 名 物、品物
- 机票 jīpiào 名 航空券
- 车票 chēpiào 名 （汽车・電車・バスなどの）乗車券、切符
- 游乐园 yóulèyuán 名 遊園地
- 次 cì 量 〜回、動作を数える
- 经常 jīngcháng / 常(常) cháng(cháng) 副 いつも、しょっちゅう
- ⇔不常 bù cháng 副 めったに〜しない
- 食堂 shítáng 名 食堂
- 早饭 zǎofàn 名 朝食、朝ご飯
- 午饭 wǔfàn 名 昼食、昼ご飯
- 但是 dànshì 接 しかし
- 晚饭 wǎnfàn 名 夕食、晩ご飯
- 刘 Liú 劉。姓
- 电影院 diànyǐngyuàn 名 映画館
- 家里 jiāli 名 家
- 玩(儿) wán(r) 動 遊ぶ
- 电子游戏 diànzǐ yóuxì 名 テレビゲーム
- 全聚德 Quánjùdé 名 全聚德（北京ダックの老舗）
- 烤鸭 kǎoyā 名 ローストダック、アヒルの丸焼き
- 头疼 tóuténg 形 頭が痛い
- 上班 shàng//bān 動 出勤する
- 聪明 cōngming 形 賢い
- 男孩(儿) nánhái(r) 名 男の子
- 女孩儿 nǚhái(r) 名 女の子
- 什么时候 shénme shíhou いつ
- 趟 tàng 量 〜回、往復する回数を数える
- 西瓜 xīguā 名 スイカ
- 汁 zhī 名 ジュース、汁、液

语法 ◉1-50

1. "了"の使い方（1）

主語＋動詞＋（目的語）＋"了"

主語＋動詞＋"了"＋数量、時間量または動作量＋目的語（人称代詞以外）

☞ "了"は目的語が短いときは文末につけるが、目的語が長いか、数量・時間量あるいは動作量がつくときは動詞につけます。

☞ 動詞の否定

①

過去 （〜しなかった）	現在 （〜していない）	未来 （〜しない）
没(有)	没(有)	不
☞ 過去形の否定は"没(有)"を使い、動詞の後に"了"はつけません。	☞ 現在進行形の否定は、"没(有)"を使います。 ＊進行と持続のアスペクトについては「第7課 文法1.」(p.65)を参照してください。	☞ 未来形の否定は、"不"を使います。
Wǒ zuótiān méi(you) hē chá. 我 昨天 **没（有）**喝 茶。 （私は昨日お茶を飲みませんでした。）	Wǒ xiànzài méi(you) hē chá. 我 现在 **没（有）**喝 茶。 （私はいまお茶を飲んでいません。）	Wǒ míngtiān bù hē chá. 我 明天 **不** 喝 茶。 （私は明日お茶を飲みません。）

② Wǒ zuótiān mǎi dōngxi le.
　我 昨天 买 东西 **了**。　　（私は昨日買い物をしました。）

　Wǒ zuótiān méi(you) mǎi dōngxi.
　我 昨天 **没（有）**买 东西。　（私は昨日買い物をしませんでした。）

③ Wǒ zuótiān mǎile yīfu hé jīpiào.
　我 昨天 买**了** 衣服 和 机票。　（私は昨日服と航空券を買いました。）

④ Wǒ zuótiān mǎile liǎng zhāng chēpiào.
　我 昨天 买**了** 两 张 车票。　（私は昨日2枚のチケットを買いました。）

⑤ Shàng ge yuè wǒ qùle liǎng cì yóulèyuán.
　上 个 月 我 去**了** 两 次 游乐园。（先月私は遊園地へ2回行きました。）

主語＋動詞＋"了"＋目的語（人称代詞）＋数量、時間量または動作量

⑥ Wǒ shàng ge xīngqī jiànle tā liǎng cì.
　我 上 个 星期 见**了** 他 两 次。　（私は先週彼に2回会いました。）

＊「第5課　文法5.」(p.50)と比較してください。

2. "去／来／回／到／在"＋場所＋動詞

⑦ Tā jīngcháng zài shítáng chī zǎofàn hé wǔfàn, dànshì bù chī wǎnfàn.
他 经常 **在食堂吃**早饭和午饭，但是 不 吃 晚饭。
（彼はよく食堂で朝ご飯と昼ご飯を食べますが、晩ご飯は食べません。）

⑧ Xiǎo Liú chángcháng lái túshūguǎn kàn zázhì, bù cháng qù diànyǐngyuàn kàn diànyǐng.
小 刘 常 常 **来图书馆看杂志**，不 常 **去电影院看电影**。
（劉さんはよく図書館に来て雑誌を読みますが、めったに映画館に行って映画を見ません。）

⑨ Wǒ zài tā jiāli wánr le liǎng cì diànzǐ yóuxì.
我 **在他家里玩儿了** 两次 电子游戏。
（私は彼の家でテレビゲームを2回遊びました。）

⑩ Wǒ zuìjìn qù Táiwān wánr le liǎng tiān.
我 最近 **去台湾玩儿了** 两天 。
（私は最近台湾へ2日間遊びに行きました。）

☞ 否定のときは、"没(有)"もしくは"不"を「"去／来／回／到／在"＋場所＋動詞」の前に置くのが一般的です。なお、動作を否定するときに使う"没"と"不"の違いについては、「第5課 文法1. の表」(p.47)を参照してください。

⑪ Tā méi(you) qù Quánjùdé chī běijīng kǎoyā.
他 没(有) **去全聚德吃**北京烤鸭。
（彼は全聚徳に行って北京ダックを食べていませんでした。）
（彼は全聚徳に行って北京ダックを食べていません。）

⑫ Wǒ jīntiān tóuténg, bú qù shàngbān.
我 今 天 头 疼，**不去上班**。
（私は今日頭が痛いから、仕事に行きません。）

3. "的"の使い方 (2)

➢ 形容詞（句）＋"的"＋名詞

⑬ Tā shì yí ge hěn cōngming de nánháir.
他 是 一个 很 聪明 **的** 男孩儿。 （彼は〈とても〉賢い男の子です。）

⑭ Nǚháir qù shūdiàn mǎile yì běn fēicháng yǒuyìsi de Yīngwén xiǎoshuō.
女孩儿 去 书店 买了 一 本 非常 有意思 **的** 英文 小说。
（女の子は本屋に行って、非常に面白い英語の小説を一冊買いました。）

➢ **動詞（句）＋"的"＋名詞**

⑮ Wǒ xiǎng qù de dìfang shì Yìdàlì.
我 想 去 的 地方 是 意大利。（私が行きたいところはイタリアです。）

⑯ Tā shì cóng Běijīng lái de Lǐ lǎoshī ba?
他 是 从 北京 来 的 李 老师 吧？
（彼が北京から来た李先生でしょう。）

☞ 動詞（句）、形容詞（句）が修飾語となるときは、"的"で名詞につなぎます。
ただし、1音節（1字）の形容詞の場合は"的"を省略します。

⑰ hǎo shū　　　　　　　　　　　　xīn tóngxué
　好 书（いい本）　　　　　　　　新 同学（新入生）

4. **強調構文"是……的"**（すでに行われた行為について、方法・場所・日時などを強調する）
"（是）……的"（～したのです）⇔ "不是……的"（～したのではありません）

☞ "的"を文末においてもいいです。

⑱ A: Nǐ kàn, wǒ mǎile yí jiàn máoyī.
　　你 看， 我 买了 一 件 毛衣。（見て、私は〈一枚の〉セーターを買いました。）

　 B: Nǐ (shì) zài nǎr mǎi de?
　　你 （是） 在 哪儿 买 的？（あなたはどこで買ったのですか。）

　 A: Wǒ (shì) zài bǎihuò shāngdiàn mǎi de.
　　我 （是） 在 百货 商店 买 的。（私は百貨店で買ったのです。）

　 B: Nǐ (shì) shénme shíhou mǎi de?
　　你 （是） 什么 时候 买 的？（あなたはいつ買ったのですか。）

　 A: Wǒ (shì) shàngxīngqīliù mǎi de.
　　我 （是） 上 星期六 买 的。（私は先週の土曜日に買ったのです。）

　 B: Nǐ (shì) hé shuí yìqǐ mǎi de?
　　你 （是） 和 谁 一起 买 的？
　　（あなたはどなたと一緒に買ったのですか。）

　 A: Wǒ (shì) yí ge rén mǎi de.
　　我 （是） 一 个 人 买 的。（私は一人で買ったのです。）

☞ 肯定文では"是"は省略できるが、否定文では"是"は省略できず、"不是"とする。

⑲ Wǒ bú shì yí ge rén qù de.
　我 不是 一 个 人 去 的。（私は一人で行ったのではありません。）

5. **過去の経験を表す 動詞＋"过"**（～したことがある）

   主語＋動詞＋"过"＋数量、時間量または動作量（＋目的語〈人称代詞以外〉）

   ⑳ A：你 去过 几 趟 中国？
   Nǐ qùguo jǐ tàng Zhōngguó?
   （あなたは中国へ何回行ったことがありますか。）

   B：我 去过 两 趟 中国。
   Wǒ qùguo liǎng tàng Zhōngguó.
   （私は中国へ2回行ったことがあります。）

   我 还 没 去过 中国。
   Wǒ hái méi qùguo Zhōngguó.
   （私はまだ中国に行ったことがありません。）

   ㉑ 我 在 上海 喝过 两 次 西瓜 汁。
   Wǒ zài Shànghǎi hēguo liǎng cì xīguā zhī.
   （私は上海で2回スイカジュースを飲んだことがあります。）

   ㉒ 他 哥哥 在 北京 住过 两 年。
   Tā gēge zài Běijīng zhùguo liǎng nián.
   （彼のお兄さんは北京に2年間住んだことがあります。）

   主語＋動詞＋"过"＋目的語（人称代詞）＋数量、時間量または動作量

   ☞ 人称代詞が目的語となる場合は、人称代詞を必ず時間量または動作量の前に置きます。

   ㉓ 我 在 上海 见过 他 两 次。
   Wǒ zài Shànghǎi jiànguo tā liǎng cì.
   （私は上海で彼に2回会ったことがあります。）

   ＊「第5課 文法1.」（p.48）と比較してください。

练习

I. 中国語で言ってみましょう。

1. A：你喜欢什么颜色？

   B：我喜欢＿＿＿＿＿＿＿＿＿＿＿＿＿＿＿＿＿＿＿＿＿＿＿＿＿＿＿。

==
| 覚えよう！|

颜色 yánsè (色)　　　　　　　　　　　　　　　　　　　◉1-51

红色 hóngsè　　　（赤色）　　　　　白色 báisè　　　　（白色）

橙黄色 chénghuángsè （オレンジ色）　　粉红色 fěnhóngsè （ピンク）

黄色 huángsè　　（黄色）　　　　　黑色 hēisè　　　（黒色）

绿色 lǜsè　　　　（緑色）　　　　　灰色 huīsè　　　（灰色）

青色 qīngsè　　　（青色）　　　　　金黄色 jīnhuángsè （黄金色）

蓝色 lánsè　　　（青色、ブルー）　　茶色 chásè　　　（茶色）

紫色 zǐsè　　　　（紫色）　　　　　银色 yínsè　　　（銀色）

==

2. 例にならって、文を作成しましょう。

【例】A：你是在<u>哪儿</u>买的<u>这副眼镜</u>？

　　　　　　　　　　　［副 fù ／ 付 fù （セットや組になっているものを数える）］

　　　　　　　　　　　　　　　　　　　　　　［眼镜 yǎnjìng （メガネ）］

　　B：我是在<u>百货商店</u>买的<u>这副眼镜</u>。

==
店的种类 diàn de zhǒnglèi （店の種類）　　　　　　　　◉1-52

百货商店（／百货大楼）bǎihuò shāngdiàn (/bǎihuò dàlóu)　　快餐店 kuàicāndiàn　（ファストフード店）
　　　　　　　　（デパート）

超市 chāoshì　　　　　（スーパー）　　　商店 shāngdiàn　　（商店）

饭店（／餐馆／餐厅／饭馆）fàndiàn (/cānguǎn/cāntīng/fànguǎn)　（レストラン）　　小卖部 xiǎomàibù　（売店）

==

＊ 「第2課 文法3. 量詞」（p. 23）ならびに 付録 1. 量詞 （p. 127-132）を応用してください。

II. 中国語で書いてみましょう。
次の日本語の意味になるように、中国語の単語を並べ替えて、さらにピンインを書きなさい（漢字は崩したり略したりせずに書き、文中・文末には句読点や疑問符をつけること）。

1. あなたは昨日何をしましたか。
ピンイン _____
訳 _____
_____
你　　做　　了　　昨天　　什么

2. 私は本屋に行って、非常に面白い英語の小説を一冊買いました。
ピンイン _____
訳 _____
_____
英文　我　书店　一本　去　非常　买　有意思　了　的　小说

3. 彼女は以前中国へ２回行ったことがあります。　　　　［以前：以 前 (yǐqián)］
ピンイン _____
訳 _____
_____
她　去　两　过　趟　以前　中国

4. 私は午前中、図書館に行って本を二時間半読みました。
ピンイン _____
訳 _____
_____
两　我　去　看　了　半　书　上午　图书馆　个　小时

5. このセーターは色がなかなかよくて、彼は第一百貨店で買ったのです。
ピンイン _____
訳 _____
_____
他　在　毛衣　颜色　第一百货商店　这　买　件　的　不错　是

第 6 课　你的爱好是什么？

Dì liù kè　　Nǐ de àihào shì shénme?

◎1-54

1. 金华：夏天到了，天气越来越热了。
   Xiàtiān dào le, tiānqì yuèláiyuè rè le.

2. 佐藤：是啊！今天的气温比昨天高3度呢！
   Shì a! Jīntiān de qìwēn bǐ zuótiān gāo sān dù ne!

3. 金华：是吗？！对了，你喜欢看电影吗？
   Shì ma?! Duì le, nǐ xǐhuan kàn diànyǐng ma?

4. 佐藤：我很喜欢。你的爱好是什么？
   Wǒ hěn xǐhuan. Nǐ de àihào shì shénme?

5. 金华：我的爱好是听音乐、弹钢琴和看漫画。
   Wǒ de àihào shì tīng yīnyuè、tán gāngqín hé kàn mànhuà.

6. 佐藤：你的爱好真多！
   Nǐ de àihào zhēn duō!

7. 金华：哪里哪里。……我有点儿渴了。我们去那家咖啡店喝一点儿饮料，休息休息吧！
   Nǎli nǎli. …… Wǒ yǒudiǎnr kě le. Wǒmen qù nà jiā kāfēidiàn hē yìdiǎnr yǐnliào, xiūxi xiūxi ba!

8. 佐藤：好的。我们一边喝饮料，一边聊天儿吧！
   Hǎode. Wǒmen yìbiān hē yǐnliào, yìbiān liáotiānr ba!

9. 金华：太好了！……不好意思，你在这儿等我一会儿。我去银行取点儿钱。
   Tài hǎo le! …… Bù hǎoyìsi, nǐ zài zhèr děng wǒ yíhuìr. Wǒ qù yínháng qǔ diǎnr qián.

10. 佐藤：我和你一起去吧，我去换点儿钱。
    Wǒ hé nǐ yìqǐ qù ba, wǒ qù huàn diǎnr qián.

课文的生词 🔘1-53

爱好 àihào 名 趣味
夏天 xiàtiān 名 夏
到 dào 動 着く、到着する。到達する、達する
天气 tiānqì 名 天気
越 yuè 副 ("越来越……"で) ますます〜になる。("越……越……"で) 〜であればあるほどますます〜である
热 rè 形 暑い、熱い
了 le 助 新しい状況の発生や状況の変化を表す
气温 qìwēn 名 気温
比 bǐ 介 〜よりも、比較の対象を表す
度 dù 量 (温度・メガネなど各種の) 度
喜欢 xǐhuan 動 好む、好きである
听 tīng 動 聞く
音乐 yīnyuè 名 音楽
弹 tán 動 弾く
钢琴 gāngqín 名 ピアノ

漫画 mànhuà 名 漫画
哪里哪里 nǎli nǎli とんでもない
有点儿 yǒudiǎnr 副 (望ましくないことについて) 少し
渴 kě 形 のどが渇いている
咖啡店 kāfēidiàn 名 喫茶店
一点儿 yìdiǎnr 数量 ちょっと (分量)
休息 xiūxi 動 休む、休憩する
一边 yìbiān 副 ("一边……一边……"で) 〜しながら〜する
聊天儿 liáo//tiānr 動 世間話をする
不好意思 bù hǎoyìsi きまりが悪い
等 děng 動 待つ
一会儿 yíhuìr 数量 ちょっと (時間)
取 qǔ 動 取る
换钱 huàn//qián 動 両替する

语法的生词 🔘1-55

秋天 qiūtiān 名 秋
凉快 liángkuai 形 涼しい
跑 pǎo 動 走る
种 zhǒng 量 種類を数える
毛巾 máojīn 名 タオル
卖 mài 動 売る
暖和 nuǎnhuo 形 暖かい
多了 duōle / 得多 deduō (〜に比べて) ずっと〜だ。形容詞の後に用いて、差が大きいことを表す。比較に用いる
还 hái 副 さらに、その上
更 gèng 副 さらに、一層
没(有) méi(yǒu) 動 〜ほど〜でない
这么 zhème 代 このように
那么 nàme 代 あのように、そのように
头发 tóufa 名 頭髪
跟 gēn 介 〜と、〜に、動作の対象を表す
一样 yíyàng 形 同じである
差不多 chàbuduō 形 大体同じである
价格 jiàgé 名 価格
房子 fángzi 名 家、家屋
旧 jiù 形 古い
冬天 dōngtiān 名 冬
冷 lěng 形 寒い

菜 cài 名 料理
味道 wèidao 名 味
觉得 juéde 動 感じる、思う
咸 xián 形 塩辛い
小 xiǎo 形 小さい
病 bìng 名 病気
楼上 lóushàng 名 階上
躺 tǎng 動 横たわる
打工 dǎ//gōng 動 アルバイトをする
研究 yánjiū 動 検討する、研究する
平时 píngshí 名 日頃、ふだん
间 jiān 量 部屋を数える
屋子 wūzi 名 部屋
收拾 shōushi 動 片づける
睡觉 shuì//jiào / 睡 shuì 動 寝る
帮忙 bāng//máng 動 手伝う、助ける
洗澡 xǐ//zǎo 動 入浴する
做梦 zuò//mèng 動 夢を見る
好几 hǎojǐ 数 いくつもの
留学 liú//xué 動 留学する
包 bāo 動 包む
饺子 jiǎozi 名 ギョウザ
新闻 xīnwén 名 ニュース
报纸 bàozhǐ 名 新聞

语法　　　　　　　　　　　　　　　　　　　　　🔘1-56

1. "了"の使い方 (2)
変化を表す"了"

☞ 形容詞＋"了"は過去形ではなく、変化の意味を表します。

① 秋天 到 了，天气 越来越 凉 快 了。
　　Qiūtiān dào le, tiānqì yuèláiyuè liángkuai le.
　　　　　　　　　　　　　　　（秋になりました、天気はますます涼しくなりました。）

② 他 越 跑 越 远 了。
　　Tā yuè pǎo yuè yuǎn le.　（彼は走れば走るほど遠くなった。）

③ 那 种 毛巾 已经 不 卖 了。
　　Nà zhǒng máojīn yǐjīng bú mài le.　（あのタオルはもう売らなくなりました。）

2. 比較の表現

➤ A "比" B＋形容詞＋量を表す言葉 （AはBに比べて〜です）（優勢比較）

④ 今天 比 昨天 暖 和。
　　Jīntiān bǐ zuótiān nuǎnhuo.　（今日は昨日より暖かいです。）

⑤ 今天 比 昨天 暖 和 多了（/ 得多）。
　　Jīntiān bǐ zuótiān nuǎnhuo duōle (/ deduō).
　　　　　　　　　　　　（今日は昨日よりずっと暖かいです。）

⑥ 今天 比 昨天 暖 和 一点儿。
　　Jīntiān bǐ zuótiān nuǎnhuo yìdiǎnr.　（今日は昨日より少し暖かいです。）

☞ "今天 比 昨天 很 暖 和。"という言い方はしません。
　　Jīntiān bǐ zuótiān hěn nuǎnhuo.

【例外】

⑦ 今天 比 昨天 还 暖 和。
　　Jīntiān bǐ zuótiān hái nuǎnhuo.　（今日は昨日よりも暖かいです。）

⑧ 今天 比 昨天 更 暖 和。
　　Jīntiān bǐ zuótiān gèng nuǎnhuo.　（今日は昨日よりもっと暖かいです。）

➤ A "没（有）" B（"这么 / 那么"）＋形容詞
　　　　méi (yǒu)　　　　zhème / nàme
（AはBほど〈こんなに / あんなに〉〜ではない）（劣勢比較）

⑨ 我 的 头发 没（有） 她 那么 长。
　　Wǒ de tóufa méi (yǒu) tā nàme cháng.
　　　　　　　　（私の髪の毛は彼女ほど〈あんなに〉長くありません。）

- A "和（/跟）" B "一样"（AはBと同じくらい～）（同等比較）

⑩ 小李 和（/跟）我 一样 大。（李さんは私と同じ年です。）
　　Xiǎo Lǐ hé (/ gēn) wǒ yíyàng dà.

- A "和（/跟）" B "差不多"（AはBとほぼ同じくらい～）

⑪ 这本词典 和（/跟）那本词典 的 价格 差不多。
　　Zhè běn cídiǎn hé (/ gēn) nà běn cídiǎn de jiàgé chàbuduō.
　　　　　　　　　　　　（この辞書はあの辞書の価格とほぼ同じです。）

3. "有点儿" "一点儿" "一会儿"（ちょっと～、少し～）

- "有点儿" ＋形容詞（ちょっと～〈望ましくないことが多い〉）

⑫ 这个 房子 有点儿 旧，冬天 有点儿 冷。
　　Zhège fángzi yǒudiǎnr jiù, dōngtiān yǒudiǎnr lěng.
　　　　　　　　　　（この家は少し古いので、冬は少し寒いです。）

⑬ A：这个菜的味道怎么样？（この料理の味はどうですか。）
　　　Zhège cài de wèidao zěnmeyàng?
　　B：我觉得这个菜有点儿咸。
　　　Wǒ juéde zhège cài yǒudiǎnr xián.
　　　　　　　　　　（私はこの料理は少し塩辛いと思います。）

- 形容詞＋"(一)点儿"（少し～めに〈程度がわずか〉）

⑭ 这件衣服 有点儿 小，有没有 大 (一)点儿 的？
　　Zhè jiàn yīfu yǒudiǎnr xiǎo, yǒumeiyǒu dà (yì)diǎnr de?
　　　　　　　　　　（この服は少し小さいので、少し大きめ
　　　　　　　　　　　なものはありますか。）

⑮ 你的病 好 (一)点儿 了吗？（あなたの病気は少しよくなりましたか。）
　　Nǐ de bìng hǎo (yì)diǎnr le ma?

- 動詞＋"一会儿"（ちょっと～〈時間がわずか〉）

⑯ 你在这儿等我 一会儿。（ここで私を少し待っていてください。）
　　Nǐ zài zhèr děng wǒ yíhuìr.

☞ 人称代詞の位置については「第5課 文法1．⑥」(p.47) を参照してください。

⑰ 你去楼上躺 一会儿 吧！（階上に行って少し横になってください。）
　　Nǐ qù lóushàng tǎng yíhuìr ba!

4. 動詞の重ね型

☞ 動詞を重ねて「ちょっと～する」の意を表します。

☞ 1音節の動詞と動詞の間には"一"を入れてもいいですが、2音節の動詞と動詞の間に"一"を入れることはできません。

➤ 1音節の動詞

⑱ 看看　kànkan（/ 看一看 kàn yi kan / 看一会儿 kàn yíhuìr / 看一下 kàn yíxià）　（ちょっと見る / ちょっと読む）

　　看 10 分钟　kàn shí fēnzhōng　　　　　（10分間見る / 10分間読む）

➤ 2音節の動詞

☞ 2音節の動詞は2種類あります。『中日辞典』で2音節の動詞を調べてみてください。ピンインの間に「//」がなければ離合詞ではありません（例えば、"休息 xiūxi"）。ピンインの間に「//」があれば離合詞です（例えば、"打工 dǎ//gōng"）。

☞ 時間について「ちょっと」と言いたいとき、離合詞ではない動詞の場合、動詞の直後に"一会儿"をつけます。離合詞の動詞の場合は、動詞の間に"一会儿"を入れます。

☞ 分量について「少し」と言いたいときには"(一)点儿"を使うこともあります。

離合詞ではない2音節の動詞（ABAB型）

⑲ 研究研究　yánjiūyanjiu（/ 研究一会儿 yánjiū yíhuìr / 研究一下 yánjiū yíxià）　（ちょっと検討する / ちょっと研究する）

　　研究 10 分钟　yánjiū shí fēnzhōng　　　（10分間検討する/10分間研究する）

⑳ 她 平时 很 忙，一 个 月 只 休息 两 天。
　　Tā píngshí hěn máng, yí ge yuè zhǐ xiūxi liǎng tiān.
　　（彼女は普段は〈とても〉忙しくて、一カ月に2日間しか休みません。）

☞ 目的語を強調するとき、あるいは目的語が長いときは文頭に置いたり、主語の後に置いたりします。

㉑ 这 间 屋子 我 上个星期 收拾 了 两 次。
　　Zhè jiān wūzi wǒ shànggexīngqī shōushi le liǎng cì.
　　（この部屋を私は先週2回片づけました。）

離合詞である2音節の動詞（AAB型）

㉒ 睡睡觉 (／ 睡 一会儿 〈觉〉)　　　　　　　（ちょっと寝る）

喝喝茶 (／ 喝 一会儿 茶 ／ 喝 (一)点儿 茶)　（ちょっとお茶を飲む）

帮帮忙 (／ 帮 一会儿 忙 ／ 帮 (一)点儿 忙 ／
帮 一下 忙)　　　　　　　　　　　（ちょっと手伝う）

㉓ 他 一 个 星期 只 打 两 天 工。
　　　　　　　（彼は一週間に2日間しかアルバイトをしません。）

㉔ 她 昨天 洗 了 两 次 澡。　（彼は昨日2回入浴しました。）

㉕ 昨天 我 做 了 好几个 梦。（昨日私は夢を何回も見ました。）

㉖ A：他 去 美国 留过 学 吗？（彼はアメリカへ留学に行ったことがありますか。）

　　B：他 去 美国 留过 学。（彼はアメリカへ留学に行ったことがあります。）

　　　他 去 美国 留过 一年 学。
　　　　　　　　（彼はアメリカへ1年間留学に行ったことがあります。）

　　　他 没 去 美国 留过 学。
　　　　　　　　（彼はアメリカへ留学に行ったことがありません。）

5. "一边……，一边……"（～しながら～する）

㉗ 他 喜欢 一边 包 饺子，一边 看 新闻。
　　　　　（彼はギョウザを作りながら、ニュースを見るのが好きです。）

㉘ 他 一边 看 报纸，一边 听 音乐。
　　　　　　　（彼は新聞を読みながら、音楽を聞きます。）

练习

I. 中国語で言ってみましょう。

1. A：你的爱好是<u>什么</u>？

    B：我的爱好是_____。

================================== 覚えよう！

兴趣 / 爱好 (趣味)　　xìngqù / àihào　　　　　　　　　　　　　　◉1-57

唱 歌　chàng//gē（歌を歌う）	拉 小提琴　lā xiǎotíqín（バイオリンを弾く）
唱 卡拉OK　chàng kǎlā OK（カラオケを歌う）	旅游　lǚyóu（旅行をする）
登 山　dēng//shān（登山をする）	散 步　sàn//bù（散歩する）
兜 风　dōu//fēng（ドライブをする）	上 网　shàng//wǎng（インターネットを使う）
画 画儿　huà huàr（絵を描く）	弹 钢琴　tán gāngqín（ピアノを弾く）
看 电视　kàn diànshì（テレビを見る）	听 音乐　tīng yīnyuè（音楽を聴く）
看 电影　kàn diànyǐng（映画を見る）	跳 舞　tiào//wǔ（ダンスをする）
看 漫画　kàn mànhuà（漫画を読む）	网 聊　wǎngliáo（チャットをする）
看 书　kàn shū（読書をする）	下 棋　xià//qí（将棋を指す〈囲碁を打つなど〉）
拉 二胡　lā èrhú（二胡を弾く）	写 书法　xiě shūfǎ（書を書く）

==

2. A：你喜欢<u>什么</u>运动？

   B：我喜欢_____。

3. A：奥运会有<u>什么</u>比赛？

   B：_____。

[奥运会（"奥林匹克 运动会"の略、オリンピック）] Àoyùnhuì / Àolínpǐkè yùndònghuì

[比赛（試合）] bǐsài

===

运动 （運動） yùndòng　　　　　　　　　　　　　　　●1-58

dǎ bàngqiú 打 棒 球 （野球をする）	huá//bīng 滑 冰 （スケートをする）
dǎ gǎnlǎnqiú 打 橄 榄 球 （ラグビーをする）	huá//xuě 滑 雪 （スキーをする）
dǎ gāo'ěrfū(qiú) 打 高尔夫（球）（ゴルフをする）	liàn qìgōng 练 气 功 （気功を練習する）
dǎ lánqiú 打 篮 球 （バスケットボールをする）	liàn róudào 练 柔 道 （柔道を練習する）
dǎ páiqiú 打 排 球 （バレーボールをする）	liàn xiāngpū 练 相 扑 （相撲を練習する）
dǎ pīngpāngqiú 打 乒 乓 球 （卓球をする）	liàn yújiā 练 瑜 伽 （ヨガを練習する）
dǎ tàijíquán 打 太 极 拳 （太極拳をする）	pǎo//bù 跑 步 （ジョギングをする）
dǎ wǎngqiú 打 网 球 （テニスをする）	tī zúqiú 踢 足 球 （サッカーをする）
dǎ yǔmáoqiú 打 羽 毛 球 （バドミントンをする）	yóu//yǒng 游 泳 （泳ぐ）

===

II. 中国語で書いてみましょう。

1. 次の日本語の意味になるように、中国語の単語を並べ替えて、さらにピンインを書きなさい（漢字は崩したり略したりせずに書き、文中・文末には句読点や疑問符をつけること）。

(1) 春になりました。今日の気温は昨日より3度高いです。　　　［春：春天 chūntiān］

ピンイン _____

訳 _____

春天　高　昨天　的　今天　气温　比　3度　了　到

(2) 私はあなたと同じで、買い物をするのが好きです。

ピンイン _____

訳 _____

和　喜欢　我　一样　买　东西　你

(3) 彼は昨日、二時間半ダンスをした（ので）、今日は少し疲れています。

［疲れている：累 lèi］

ピンイン _____

訳 _____

累　半　了　昨天　跳舞　个　今天　他　小时　有点儿　两

(4) 兄は病気になったことがありませんが、妹は昨日風邪を引きました。

［病気になる：生病 shēng//bìng］［風邪を引く：感冒 gǎnmào］

ピンイン _____

訳 _____

过　哥哥　昨天　生病　没　了　感冒　妹妹

(5) 私たちは散歩しながら、おしゃべりしましょう。

ピンイン _____

訳 _____

散步　一边　吧　聊天儿　一边　我们

61

2. "有点儿" "一点儿" "一会儿" を使って、下の文を完成させ、さらに日本語に訳しなさい。

(1) 他昨天发烧了，吃了＿＿＿＿＿＿＿＿＿＿药。

[发烧 (熱が出る)] [吃 药 (薬を飲む)]

訳 ＿＿＿＿＿＿＿＿＿＿＿＿＿＿＿＿＿＿＿＿＿＿＿＿＿＿＿＿

(2) 我肚子＿＿＿＿＿＿＿＿＿＿饿，想吃＿＿＿＿＿＿＿＿＿＿东西。

[饿 (空腹な)]

訳 ＿＿＿＿＿＿＿＿＿＿＿＿＿＿＿＿＿＿＿＿＿＿＿＿＿＿＿＿

(3) 苹果比以前便宜＿＿＿＿＿＿＿＿＿＿了。

[苹果 (リンゴ)] [便宜 (安い)]

訳 ＿＿＿＿＿＿＿＿＿＿＿＿＿＿＿＿＿＿＿＿＿＿＿＿＿＿＿＿

(4) 孩子们在公园里玩了＿＿＿＿＿＿＿＿＿＿。

訳 ＿＿＿＿＿＿＿＿＿＿＿＿＿＿＿＿＿＿＿＿＿＿＿＿＿＿＿＿

(5) 太可爱了！我买＿＿＿＿＿＿＿＿＿＿回家。　[可爱 (かわいい)]

訳 ＿＿＿＿＿＿＿＿＿＿＿＿＿＿＿＿＿＿＿＿＿＿＿＿＿＿＿＿

第 7 课　你在做什么呢？
Dì qī kè　Nǐ zài zuò shénme ne?

🎧 2-2

1. 金华：你在做什么呢？
   Nǐ zài zuò shénme ne?

2. 佐藤：我正在做作业呢。
   Wǒ zhèngzài zuò zuòyè ne.

3. 金华：你真认真啊！
   Nǐ zhēn rènzhēn a!

4. 佐藤：过奖过奖。今天你是怎么来的这儿？
   Guòjiǎng guòjiǎng. Jīntiān nǐ shì zěnme lái de zhèr?

5. 金华：我是走着来的。……那儿放着一本中文杂志，是你的吗？
   Wǒ shì zǒuzhe lái de. Nàr fàngzhe yì běn Zhōngwén zázhì, shì nǐ de ma?

6. 佐藤：是我的。你看，除了那本中文杂志以外，我还有很多英文杂志呢！
   Shì wǒ de. Nǐ kàn, chúle nà běn Zhōngwén zázhì yǐwài, wǒ hái yǒu hěn duō Yīngwén zázhì ne!

7. 金华：那么多啊！……你做完作业以后，我们去看电影，好吗？
   Nàme duō a! Nǐ zuòwán zuòyè yǐhòu, wǒmen qù kàn diànyǐng, hǎo ma?

8. 佐藤：好啊！电影几点开始？
   Hǎo a! Diànyǐng jǐ diǎn kāishǐ?

9. 金华：电影下午两点三刻开始。没关系，还有时间，你慢慢儿做吧！
   Diànyǐng xiàwǔ liǎng diǎn sān kè kāishǐ. Méi guānxi, hái yǒu shíjiān, nǐ mànmānr zuò ba!

10. 佐藤：那你在沙发上坐着看一会儿杂志吧！……让你久等了，我作业做完了！
    Nà nǐ zài shāfā shang zuòzhe kàn yíhuìr zázhì ba! Ràng nǐ jiǔděng le, wǒ zuòyè zuòwán le!

课文的生词　　　　　　　　　　　　　　　　　🔘2-1

- 在 zài 副 〜している、動作の進行や状態の持続を表す
- 呢 ne 助 ①（平叙文の文末に用い、動作や状態の継続を表す）"正、正在、着"などと併用することが多い ②（平叙文の文末に用い、事実を相手に確認させる働きをする）やや誇張の語調を含む。"可、才、还"などの副詞と併用することが多い
- 正在 zhèngzài 副 〜している、動作の進行や状態の持続を表す
- 作业 zuòyè 名 宿題
- 过奖 guòjiǎng 〈謙〉ほめすぎる、過分にほめる
- 怎么 zěnme 代 どのように、どうですか
- 着 zhe 助 〜している、動作・状態の持続を表す
- 放 fàng 動 置く
- 中文 Zhōngwén 名 中国語
- 除了 chúle 介 〜を除いて、〜のほかに
- 以外 yǐwài 名 〜の外、〜以上
- 完 wán 動 （動詞の補語となり）〜し終わる
- 慢慢儿 mànmānr 副 ゆっくりと
- 沙发 shāfā 名 ソファー
- 让 ràng 動 〜に〜させる
- 久等 jiǔděng 動 長い間待つ

语法的生词　　　　　　　　　　　　　　　　　🔘2-3

- 刮 guā 動 （風が）吹く
- 大风 dàfēng 名 大風
- 刷卡 shuā//kǎ 動 （代金を）カードで支払う
- 穿 chuān 動 着る、履く
- 蓝 lán 名 青色
- 大衣 dàyī 名 コート
- 清楚 qīngchu 形 はっきりしている
- 眼睛 yǎnjing 名 目
- 站 zhàn 動 立つ
- 讲课 jiǎng//kè 動 授業をする
- 坐 zuò 動 座る／動 （乗り物に）乗る
- 校车 xiàochē 名 スクールバス
- 地铁 dìtiě 名 地下鉄
- 汉字 Hànzì 名 漢字
- 念 niàn 動 音読する
- 夏威夷 Xiàwēiyí 名 ハワイ
- 旅行 lǚxíng 名 旅行
- 纳豆 nàdòu 名 納豆
- 胡萝卜 húluóbo 名 にんじん
- 为了 wèile 介 〜のために、〜するために、行為の目的を表す
- 考上 kǎo//shàng 動 試験に合格する、試験に受かる
- 努力 nǔlì 形 一生懸命である
- 说话 shuō//huà 動 話をする
- 懂 dǒng 動 わかる
- 叫 jiào 動 〜に〜させる
- 使 shǐ 動 〜を〜させる
- 服务员 fúwùyuán 名 従業員、店員
- 菜单 càidān 名 メニュー
- 来 lái 動 （注文）〜をください
- 份 fèn 量 〜人前（にんまえ）、組やそろいになったものに用いる
- 炒饭 chǎofàn 名 チャーハン
- 回答 huídá 動 答える、回答する
- 听写 tīngxiě 動 書き取りをする
- 问题 wèntí 名 問題
- 话 huà 名 言葉、話
- 生气 shēng//qì 動 怒る
- 馒头 mántou 名 マントー（中国の蒸しパン）
- 面条 miàntiáo 名 麺類

语法

1. 進行と持続のアスペクト

➤ **"正在"／"正"／"在"＋動詞＋"呢"**
（〜している。動作の進行、進行のアスペクトを表す）

☞ "正""在""呢"のいずれか一語だけでも継続を表すことができます。

① 外面 <u>正在</u> 刮 大 风 <u>呢</u>。　（外は強風が吹いています。）
　　Wàimian zhèngzài guā dàfēng ne.

② 李 女士 刷卡 <u>呢</u>。　（李さんはクレジットカードで支払っています。）
　　Lǐ nǚshì shuākǎ ne.

☞ 現在進行形の否定は、"没(有)"を使います。

③ 他 <u>在</u> 练 太极拳 <u>呢</u>，<u>没</u> <u>在</u> 吃饭。
　　Tā zài liàn tàijíquán ne, méi zài chīfàn.
　　　（彼は太極拳を練習しています、ご飯を食べていません。）

➤ **動詞＋"着"**
（〜している。状態の持続、動作の進行、持続あるいは進行のアスペクトを表す）

④ A：请问，那个 穿<u>着</u> 蓝 大衣 的 人 是 谁？
　　Qǐngwèn, nàge chuānzhe lán dàyī de rén shì shuí?
　　　（お尋ねしますが、あの青いコートを着ている人はどなたですか。）
　　B：我 也 不太 清楚。　（私もあまりよくわかりません。）
　　Wǒ yě bútài qīngchu.

⑤ 请 看<u>着</u> 我 的 眼睛。　（私の目を見てください。）
　　Qǐng kànzhe wǒ de yǎnjing.

➤ **動詞1＋"着"＋動詞2**（「〜している状態で〜する」を表している）

⑥ 老师 站<u>着</u> 讲课，我们 坐<u>着</u> 学习 汉语。
　　Lǎoshī zhànzhe jiǎngkè, wǒmen zuòzhe xuéxí Hànyǔ.
　　　（先生は立って授業をしますが、私たちは座って中国語を勉強します。）

⑦ 我 昨天 不 是 坐 校车 来 学校 的，是 走<u>着</u> 来 的。
　　Wǒ zuótiān bú shì zuò xiàochē lái xuéxiào de, shì zǒuzhe lái de.
　　　（私は昨日スクールバスで学校に来たのではなく、歩いて来たのです。）

2. **"怎么"(1)＋動詞**（どのように〜／どうやって〜）

⑧ A：你 是 <u>怎么</u> 来 的 这儿？　（あなたは<u>どうやって</u>ここに来たのですか。）
　　Nǐ shì zěnme lái de zhèr?
　　B：我 是 <u>坐 地铁</u> 来 的。　（私は<u>地下鉄に乗って</u>来たのです。）
　　Wǒ shì zuò dìtiě lái de.

⑨ A：请问，这个 汉字 <u>怎么</u> 念？　（すみません、この漢字をどう読むのですか。）
　　Qǐngwèn, zhège Hànzì zěnme niàn?
　　B：这个 汉字 念 "yú"。　（この漢字は「yú」と読みます。）
　　Zhège Hànzì niàn "yú".

3. **"除了……以外,……"**（〜を除いて〜、〜以外〜）

⑩ Chúle xiǎo Lǐ yǐwài, xiàgeyuè wǒmen dōu qù Xiàwēiyí lǚxíng.
   除了 小 李 以外，下个月 我们 都 去 夏威夷 旅行。
   （李さん以外、来月私たちはみなハワイへ旅行に行きます。）

⑪ Chúle nàdòu yǐwài, húluóbo wǒ yě bù xǐhuan chī.
   除了 纳豆 以外，胡萝卜 我 也 不 喜欢 吃。
   （納豆のほかに、私はにんじんも好きではありません。）

⑫ Chúle Fǎguó yǐwài, wǒ hái yào qù Déguó.
   除了 法国 以外，我 还 要 去 德国。
   （フランス以外、私はドイツにも行かなければなりません。）

4. **結果補語**（動詞の結果を補足的に説明）（動詞＋結果補語）

☞ 完了を表す"了"は、文末と結果補語の後のどちらにも置くことができます。

⑬

結果補語		第5課 文法1.（p.47）
私は宿題をやり終えました。	私は宿題をしました。	私はたくさんの宿題をしました。
Wǒ zuòwán zuòyè le. 我 做完 作业 了。/ Wǒ zuòwán le zuòyè. 我 做完 了 作业。	Wǒ zuò zuòyè le. 我 做 作业 了。	Wǒ zuòle hěn duō zuòyè. 我 做了 很 多 作业。
Wǒ zuòyè zuòwán le. 我 作业 做完 了。	—	—
宿題を私はやり終えました。	宿題を私はやりました。	—
Zuòyè wǒ zuòwán le. 作业 我 做完 了。	Zuòyè wǒ zuò le. 作业 我 做 了。	—

⑭ Wèile kǎoshàng dàxué, tā zhèng nǔlì xuéxí ne.
   为了 考上 大学，他 正 努力 学习 呢。
   （大学に合格するため、彼は一生懸命勉強しているところです。）

☞ 「第6課 文法4」（p.57）で説明したように、目的語を強調するとき、あるいは目的語が長いときは文頭に置いたり、主語の後に置いたりします。

⑮ Wǒ shuō de huà, nǐ tīngdǒng le ma?
   我 说 的 话，你 听懂 了 吗？
   （私が言ったことをあなたは聞いて理解しましたか。）

⑯

結果補語	例
~错 cuò (~し間違える)	搬错 bāncuò (運び間違える)　念错 niàncuò (読み間違える)
~到 dào (~して達成する)	买到 mǎidào (買って手に入れる)　找到 zhǎodào (みつける)
~好 hǎo (~して完成する、満足な状態になる)	拿好 náhǎo (しっかりと持つ)　洗好 xǐhǎo (きちんと洗う)
~清楚 qīngchu (はっきり~)	写清楚 xiěqīngchu (明確に書く)　讲清楚 jiǎngqīngchu (明確に話す)
~完 wán (~し終わる)	做完 zuòwán (やり終わる、作り終わる)　用完 yòngwán (使い切る)

5. 使役文 "让 / 叫 jiào" (～に～させる) と "使 shǐ" (～を～させる)

⑰ 让您久等了。Ràng nín jiǔděng le. (お待たせしました。)

⑱ 服务员，请让我看一下菜单。……来两份炒饭。
　Fúwùyuán, qǐng ràng wǒ kàn yíxià càidān. Lái liǎng fèn chǎofàn.
　　　　(店員さん、〈すみません〉、メニューを見せてください。
　　　　……チャーハンを二人前ください。)

⑲ 老师让（/叫）学生们回答听写练习的问题。
　Lǎoshī ràng (/jiào) xuésheng men huídá tīngxiě liànxí de wèntí.
　　　　(先生は学生たちにヒアリングの練習問題を答えさせます。)

☞ 文の中に、感情関係の言葉が含まれましたら、"使" を使うのが一般的です。

⑳ 他的话使大家很生气。Tā de huà shǐ dàjiā hěn shēngqì. (彼の話はみんなを怒らせてしまいました。)

☞ 否定のときは、"没(有)" もしくは "不" を "让" の前に置くのが一般的です。なお、動作を否定するときに使う "没" と "不" の違いについては、「第5課 文法1.の表」(p.47) を参照してください。

㉑ 我没（有）让（/叫）他吃馒头和面条。
　Wǒ méi(you) ràng (/jiào) tā chī mántou hé miàntiáo.
　　　　(私は彼にマントーと麺類を食べさせませんでした。)
　　　　(私は彼にマントーと麺類を食べさせていません。)

㉒ 妈妈不让我一个人住。Māma bú ràng wǒ yí ge rén zhù. (母は私に一人暮らしをさせてくれません。)

练习

I. 中国語で言ってみましょう。

1. A：你在<u>做什么</u>呢？

   B：_____。

   【例】我 在 <u>给 好朋友</u> <u>打 电话</u>。
   Wǒ zài gěi hǎopéngyou dǎ diànhuà.

给 gěi	……	打电话 dǎ diànhuà	（〜に電話をかける）
给 gěi	……	写信 xiě xìn	（〜に手紙を書く）
给 gěi	……	发电子邮件 fā diànzǐ yóujiàn	（〜にメールを送信する）
给 gěi	……	发传真 fā chuánzhēn	（〜にファクスを送信する）

2. A：今天你(是)<u>怎么</u>来这儿的？

   B：我(是)_____来的。

==================================== 覚えよう！

交通手段 jiāotōng shǒuduàn （交通手段）　　　　●2-5

开车 kāi//chē （<車を>運転する）	坐飞机 zuò fēijī （飛行機に乗る）
骑摩托车 qí mótuōchē （バイクに乗る）	坐公共汽车 zuò gōnggòng qìchē （バスに乗る）
骑自行车 qí zìxíngchē （自転車に乗る）	坐火车 zuò huǒchē （列車<汽車>に乗る）
坐出租（汽）车 zuò chūzū(qì)chē （タクシーに乗る）	坐新干线 zuò xīngànxiàn （新幹線に乗る）
打的／打车 dǎ//dí / dǎ//chē （タクシーを呼ぶ）	坐动车 zuò dòngchē （高速列車<D>に乗る）
坐船 zuò chuán （船に乗る）	坐高铁 zuò gāotiě （高速鉄道に乗る）
坐磁（悬）浮（列车）zuò cí(xuán)fú(lièchē)（リニアモーターカーに乗る）	坐高速动车 zuò gāosù dòngchē （時速300キロ以上で走行する高速列車<G>に乗る）
坐电车 zuò diànchē （電車に乗る）	

====================================

II. 中国語で書いてみましょう。
次の日本語を中国語に訳し、さらにピンインを書きなさい（漢字は崩したり略したりせずに書き、文中・文末には句読点や疑問符をつけること）。

1. あそこに中国語の雑誌が一冊置いてあります。
ピンイン

訳

2. この中国語の雑誌以外にも、私は英語の雑誌もたくさん持っています。
ピンイン

訳

3. あなたが宿題をやり終わったあと、私たちは映画を見に行きませんか。
ピンイン

訳

4. 映画は何時からですか。
ピンイン

訳

5. お待たせしました。私は宿題をやり終えました。
ピンイン

訳

第 8 课　　你会说上海话吗？

Dì bā kè　　Nǐ huì shuō Shànghǎihuà ma?

◎2-7

1. 金华：你**会**说上海话吗？
   Nǐ huì shuō Shànghǎihuà ma?

2. 佐藤：我只**能**说几句。
   Wǒ zhǐ néng shuō jǐ jù.

3. 金华：你现在说几句，**可以**吗？
   Nǐ xiànzài shuō jǐ jù, kěyǐ ma?

4. 佐藤：行。"ノンホー！""シャージャー！"。
   Xíng.

5. 金华：你的发音真好，和上海人一样！
   Nǐ de fāyīn zhēn hǎo, hé Shànghǎirén yíyàng!

6. 佐藤：我的上海朋友教我的。对了，**我们学校来了一位新老师**，你知道吗？
   Wǒ de Shànghǎi péngyou jiāo wǒ de. Duì le, wǒmen xuéxiào lái le yí wèi xīn lǎoshī, nǐ zhīdao ma?

7. 金华：我不知道。
   Wǒ bù zhīdào.

8. 佐藤：听说他长**得既**高**又**帅，唱歌唱**得**可好听了。
   Tīngshuō tā zhǎng de jì gāo yòu shuài, chàng gē chàng de kě hǎotīng le.

9. 金华：是吗！他教什么？
   Shì ma! Tā jiāo shénme?

10. 佐藤：他**教**留学生汉语。
    Tā jiāo liúxuéshēng Hànyǔ.

课文的生词 ◎2-6

会 huì 助動 (学習や訓練により)〜することができる
上海话 Shànghǎihuà 名 上海語
能 néng 助動 〜することができる、〜してもよい
句 jù 量 〜言、言葉を数える
可以 kěyǐ 助動 〜することができる、〜してもよい
行 xíng 動 よろしい、大丈夫である
发音 fāyīn 名 発音
上海人 Shànghǎirén 名 上海人
教 jiāo 動 教える
位 wèi 量 〜人、〜名、敬意を込めて人を数える
知道 zhīdao 動 知っている
听说 tīng//shuō 動 (人が言うのを)耳にする、聞くところによると〜だそうだ
得 de 助 様態補語を導く
既……又…… jì……yòu…… 副 〜でもあり〜でもある
帅 shuài 形 粋である、りっぱである、センスがある
好听 hǎotīng 形 (聞いて)美しい

语法的生词 ◎2-8

游 yóu 動 泳ぐ
辆 liàng 量 〜台。車を数える
车 chē 名 車
博物馆 bówùguǎn 名 博物館
司机 sījī 名 運転手
跳 tiào 動 跳ねる、飛ぶ
交际舞 jiāojìwǔ 名 社交ダンス
小 xiǎo 形 年下である
外国 wàiguó 名 外国
照相 zhào//xiàng 動 写真を撮る
茄子 qiézi 名 ナス(写真を撮るとき、笑顔にするための「チーズ」にあたる表現)
抽烟 chōu//yān 動 タバコを吸う、喫煙する
前辈 qiánbèi 名 年長者、先輩
夜里 yèli 名 夜
下 xià 動 (雨などが)降る
场 cháng 量 〜回。風雨・病気・争い・災害などの回数を数える
雨 yǔ 名 雨
墙 qiáng 名 壁
挂 guà 動 掛ける
客人 kèren 名 客
宿舍 sùshè 名 寄宿舎、寮
丢 diū 動 なくす
吃饭 chī//fàn 動 食事をする
快 kuài 形 (速度が)速い
滑 huá 動 滑る
外国人 wàiguórén 名 外国人
交 jiāo 動 (人と)交わる、交際する、友達になる
家务 jiāwù 名 家事
快餐店 kuàicāndiàn 名 ファストフード店
便宜 piányi 形 安い
消息 xiāoxi 名 ニュース、情報
激动 jīdòng 形 感激する
兴奋 xīngfèn 形 興奮する
问 wèn 動 尋ねる
告诉 gàosu 動 告げる、知らせる、教える
号 hào 量 〜番。番号や順番を表す
大哥 dàgē 名 長兄、いちばん上の兄
通知 tōngzhī 動 通知する
德语 Déyǔ 名 ドイツ語

语法 ◎2-9

1. 助動詞"会"（訓練しての技能）、**"能"**（能力、条件）**"可以"**（条件、許可）（〜できる）

①

助動詞 文型	**"会"** （訓練しての技能）	**"能"** （能力、条件）	**"可以"** （条件、許可）
疑問文	Tā huì yóuyǒng ma? 他 **会** 游 泳 吗? Tā huì buhuì yóuyǒng? 他 **会不会** 游泳? （彼は泳げますか。）	Tā néng yóu duōshao mǐ? 他 **能** 游 多少 米?（彼は何メートル泳げますか。）	Zhèr kěyǐ yóuyǒng ma? 这儿 **可以** 游泳 吗? （ここで泳いでもいいですか。）
肯定文	Tā huì yóuyǒng. 他 **会** 游 泳。 （彼は泳げます。）	Tā néng yóu yìbǎi mǐ. 他 **能** 游 一百 米。 （彼は100メートル泳げます。）	Zhèr kěyǐ yóuyǒng. 这儿 **可以** 游泳。 （ここで泳いでもいいです。）
否定文	Tā bú huì yóuyǒng. 他 **不会** 游 泳。 （彼は泳げません。）	Tā bù shūfu, bù néng yóuyǒng. 他 不 舒服, **不 能** 游 泳。（彼は体調が悪いから、泳げません。）	Zhèr bù néng yóuyǒng. 这儿 **不 能** 游 泳。 （ここで泳ぐことができません。）

② Zhè liàng chē néng zuò bā ge rén.
 这 辆 车 **能** 坐 8 个 人。 （この車は8人乗れます。）

③ Qù bówùguǎn kěyǐ zuò gōnggòng qìchē.
 去 博物馆 **可以** 坐 公 共 汽车。（博物館へはバスに乗って行くことができます。）

④ Nàge sījī bú huì tiào jiāojìwǔ.
 那个 司机 **不会** 跳 交 际舞。（あの運転手は社交ダンスが踊れません。）

⑤ Nǐ hái xiǎo, bù néng yí ge rén qù wàiguó lǚxíng.
 你 还 小, **不 能** 一 个 人 去 外 国 旅行。
 （あなたはまだ若いから、一人で海外旅行に行くことができません。）

⑥ Duìbuqǐ, nín néngbunéng gěi wǒmen zhào zhāng xiàng?
 A: 对不起, 您 **能不能** 给 我们 照 张 相?
 （すみません、〈私たちに〉写真を一枚撮っていただけませんか。）
 Hǎode. Qiézi
 B: 好的。……茄子! （わかりました。……チーズ〈直訳は：ナス〉。）

⑦ Wǒ kěyǐ zài zhèr chōuyān ma?
 A: 我 **可以** 在 这儿 抽 烟 吗?（私はここでタバコを吸ってもいいですか。）
 Bù xíng, nǐ bù néng zài zhèr chōuyān.
 B: **不 行**, 你 **不 能** 在 这儿 抽 烟。
 （だめです。あなたはここでタバコを吸ってはいけません。）

2. 存現文

(場所〈時間〉+動詞と補助成分〈"着""了"や補語など〉+人あるいは事物)

☞ 事物や人の存在、出現を表すのが「存現文」である。文末に置かれる事物や人は不特定のものである。

➢ 出現

⑧ Qiánbian láile liǎng wèi èr niánjí de qiánbèi.
  前边 来了 两 位 二 年级 的 前辈。
  　　　　　　　　　　　　　　（前から二年生の先輩が二人来ました。）

⑨ Zuótiān yèli xiàle yì cháng yǔ.
  昨天 夜里 下了 一 场 雨。　（昨日の夜、雨がひとしきり降りました。）

➢ 存在

⑩ Qiáng shang guàzhe yì zhāng dì tú.
  墙 上 挂着 一 张 地图。　（壁には一枚の地図がかけてあります。）

⑪ Diàn li zuòzhe hěn duō kèren.
  店 里 坐着 很 多 客人。　（店にはたくさんのお客様が座っています。）

➢ 消失

⑫ Zuótiān wǒmen sùshè bānzǒule yí ge rén.
  昨天 我们 宿舍 搬走了 一 个 人。
  　　　　　　　　　　　　　　（昨日私たちの宿舎から一人引っ越しました。）

⑬ Tāmen gōngsī li diūle liǎng tái diànnǎo.
  他们 公司 里 丢了 两 台 电脑。
  　　　　　　　　　　　　　　（彼らの会社は二台のパソコンがなくなりました。）

3. 様態補語を導く"得"（～するのが～、～のしかたが～）

⑭

主語[(+動詞)+目的語]	動詞 形容詞 …… x 名詞	de 得	補語（程度や様子を表す言葉など）	日本語訳
Tā [(chàng) gē] 她 [(唱) 歌]	chàng 唱	de 得	tèbié hǎotīng. 特别 好听。	（彼女は歌を歌うのが特に上手です。）
Tā [(chī) fàn] 他 [(吃) 饭]	chī 吃	de 得	bú kuài. 不 快。	（彼はご飯を食べるのが速くありません。）
Tā [huáxuě] 他 [滑雪]	huá 滑	de 得	zěnmeyàng? 怎么样？	（彼のスキーはどうですか。）
Tā [huáxuě] 他 [滑雪]	huá 滑	de 得	méiyǒu nǐ nàme hǎo. 没有 你 那么 好。	（彼はスキーをするのはあなたほどそんなに上手ではありません。）
Tā 他	jí 急	de 得	kū le. 哭 了。	（彼は焦って泣き出しました。）

☞ 様態補語を導く"得"の直前に名詞を置くことはできません。"她唱歌得特别好听。"という言い方はしません。
☞ 「～するのが好きです」という場合は、「"喜欢"＋名詞節」を使います。

⑮ 她 **喜欢** 和 外国人 交 朋友。
　　Tā xǐhuan hé wàiguórén jiāo péngyou.
　　　　　　　　　　　　　　　　　　　（彼女は外国人と友達になるのが好きです。）

⑯ 她 **不喜欢** 做 家务。　　（彼女は家事をするのが好きではありません。）
　　Tā bù xǐhuan zuò jiāwù.

4. "既……又……" "又……又……"
（～のうえに～だ、～でもあり～でもある、～するし～もする）

⑰ 那 家 快餐店 **既** 便宜 **又** 好吃。
　　Nà jiā kuàicāndiàn jì piányi yòu hǎochī.
　　　　　　　　　　　　　　　　　　　（あのファストフード店は安いし美味しいです。）

⑱ 听到 这个 消息，他 **既** 激动 **又** 兴奋。
　　Tīngdào zhège xiāoxi, tā jì jīdòng yòu xīngfèn.
　　　　　　　　　　　　　　　　　　　（この消息を聞いて、彼は感激し興奮しました。）

5. 二重目的語 （～に～を～）

⑲ 我 问 **你 一个 问题**。　　（私はあなたに一つ質問をします。）
　　Wǒ wèn nǐ yí ge wèntí.

⑳ 我 告诉 **你 我的 手机 号** 吧！　（あなたに私の携帯番号を教えましょう。）
　　Wǒ gàosu nǐ wǒ de shǒujī hào ba!

㉑ 大家 都 叫 **他 大哥**。　　（みんなは彼をお兄さんと呼びます。）
　　Dàjiā dōu jiào tā dàgē.

㉒ 老师 没 通知 **我 这 件 事**。
　　Lǎoshī méi tōngzhī wǒ zhè jiàn shì.
　　　　　　　　　　　　　（先生は私にこの事を知らせてくれませんでした。）

㉓ 王 老师 不 教 **我们 德语**。（王先生は私たちにドイツ語を教えません。）
　　Wáng lǎoshī bù jiāo wǒmen Déyǔ.

练习

I. 中国語で言ってみましょう。

1. A：你会说＿＿＿＿＿＿＿＿＿＿＿＿＿＿＿＿＿＿＿＿＿＿＿＿吗？

   B：＿＿＿＿＿＿＿＿＿＿＿＿＿＿＿＿＿＿＿＿＿＿＿＿＿＿。

=====================================覚えよう！

语言 yǔyán（言語）　　　　　　　　　　　　　　◎2-10

Dé yǔ / Dé wén
德语 / 德文　　（ドイツ語）

Rì yǔ / Rì wén
日语 / 日文　　（日本語）

Fǎ yǔ / Fǎ wén
法语 / 法文　　（フランス語）

Yì dà lì yǔ / Yì dà lì wén
意大利语 / 意大利文　（イタリア語）

Hán yǔ / Hán wén
韩语 / 韩文　　（韓国語）

Yìndùníxīyà yǔ / Yìndùníxīyà wén
印度尼西亚语 / 印度尼西亚文
　　　　　　　（インドネシア語）

Hàn yǔ / Zhōngwén
汉语 / 中文　　（中国語）

Yīng yǔ / Yīng wén
英语 / 英文　　（英語）

Mǎ lái yǔ / Mǎ lái wén
马来语 / 马来文　（マレー語）

Yuènán yǔ / Yuènán wén
越南语 / 越南文　（ベトナム語）

―――――――――――――――――――――――――

Guǎngdōnghuà
广东话　（広東語）

pǔtōnghuà
普通话　（共通語）

Mǐnnánhuà
闽南话　（閩南語）

Shànghǎihuà
上海话　（上海語）

=====================================

2. A：他(说)汉语说得怎么样？

   B：_____。

* 第6課の 覚えよう！ (趣味と運動)（p.59、p.60）を応用してください。

* 第2課の 覚えよう！ (程度を表すさまざまな表現)（p.26）を応用してください。

3. A：Xīhóngshì duōshao qián yì jīn? ／ Xīhóngshì yì jīn duōshao qián?
      西红柿 多少 钱 一斤？ ／ 西红柿 一斤 多少 钱？
   　　　　　　　　　　　　（トマトは500グラムでいくらですか。）

   B：Xīhóngshì wǔ kuài yì jīn. ／ Xīhóngshì yì jīn wǔ kuài.
      西红柿 5 块 一斤。 ／ 西红柿 一斤 5 块。
   　　　　　　　　　　　　（トマトは500グラムで5元です。）

==

zhòngliàng de dānwèi
重 量 的 单 位 (重量の単位)　　　　　　　　◉2-11

[イコール（＝）：等于 děngyú]

1 公斤 = 2 斤 (gōngjīn / jīn)	（1キログラム＝2斤）
1 斤 = 10 两 (jīn / liǎng)	（1斤＝10両）
1 两 = 50 克 (liǎng / kè)	（1両＝50グラム）

==

* 第3課の 覚えよう！ (中国法定貨幣の単位)（p.35）も応用してください。

II. 中国語で書いてみましょう。
　　日本語の意味になるように、下の中国語を並べ替えなさい。

1. 院子里 ＿＿＿＿＿ ＿＿＿＿＿ ＿＿＿＿＿ ＿＿＿＿＿。

　① 着　　　　② 种　　　　③ 很多　　　　④ 樱花树
　（庭には桜の木がたくさん植えてあります。）
　　　　　　　　　　　　［院子 (庭)］［种 (植える)］［樱花树 (桜の木)］

2. 站台上 ＿＿＿＿＿ ＿＿＿＿＿ ＿＿＿＿＿ ＿＿＿＿＿。

　① 一位　　　② 站　　　　③ 乘客　　　　④ 着
　（ホームに乗客が一人立っています。）
　　　　　　　　　　　　　　［站台 (プラットホーム)］［乘客 (乗客)］

3. 对面 ＿＿＿＿＿ ＿＿＿＿＿ ＿＿＿＿＿ ＿＿＿＿＿。

　① 汽车　　　② 了　　　　③ 开来　　　　④ 一辆
　（正面から車が一台やって来ました。）　　　　　　［汽车 (自動車)］

4. 听说 ＿＿＿＿＿ ＿＿＿＿＿ ＿＿＿＿＿ ＿＿＿＿＿。

　① 留学生　　② 教　　　　③ 他　　　　　④ 汉语
　（聞くところによると、彼は留学生に中国語を教えるそうです。）

5. 他 ＿＿＿＿＿ ＿＿＿＿＿高 ＿＿＿＿＿帅, ＿＿＿＿＿唱得可好听了。

　① 唱歌　　　② 既　　　　③ 长得　　　　④ 又
　（彼は背が高いうちに格好よくて、歌を歌うのがすごく上手です。）

77

第 9 课　你寒假打算去哪儿旅游？

1. 金华：你寒假**打算**去哪儿旅游？
2. 佐藤：我暑假去了西安，寒假打算去一趟北京。
3. 金华：是吗！我朋友前几天**刚**去北京。你打算什么时候出发？
4. 佐藤：我打算月底出发。
5. 金华：去多长时间？
6. 佐藤：去一个星期，下个月初回上海。
7. 金华：北京的名胜古迹很多，你**想**去哪些地方？
8. 佐藤：我想去天安门、颐和园、天坛和故宫。**如果**天气好**的话**，我还想去爬长城。
9. 金华：你跟谁一起去？
10. 佐藤：我和我的美国朋友玛丽一起去。到**了**北京以后，我给你寄一张明信片吧！

课文的生词　　　　　　　　　　　　　　2-12

寒假 hánjià 名 冬休み
打算 dǎsuan 動 ～するつもりだ
暑假 shǔjià 名 夏休み
刚 gāng 副 ～したばかりである
出发 chūfā 動 出発する
月底 yuèdǐ 名 月末
初 chū 名 初め、最初
名胜古迹 míngshèng gǔjì 名 名所旧跡
想 xiǎng 動 ～したい
地方 dìfang 名 ところ、場所
天安门 Tiān'ānmén 名 天安門
颐和园 Yíhéyuán 名 頤和園
天坛 Tiāntán 名 天壇

故宫 Gùgōng 名 故宫博物院
如果 rúguǒ 接 もし～ならば
的话 dehuà 助 ～ならば
还 hái 副 また
爬 pá 動 登る
长城 Chángchéng（万里长城 Wàn Lǐ Chángchéng）名 万里の長城
玛丽 Mǎlì マリー。人名
了 le 助 ～してから～する（完了のアスペクト、未来の時点での完了を表す）
寄 jì 動 郵送する
明信片 míngxìnpiàn 名 ハガキ

语法的生词　　　　　　　　　　　　　　2-14

用 yòng 動 用いる
先 xiān 副 先に
然后 ránhòu 接 それから、その後
打字 dǎ//zì 動 文字を入力する
再 zài 副 それから
背 bèi 動 暗唱する
圣诞节 Shèngdànjié 名 クリスマス、新暦の12月25日
时候 shíhou 名 時
螃蟹 pángxiè 名 蟹
节日 jiérì 名 祝祭日
动物园 dòngwùyuán 名 動物園
熊猫 xióngmāo 名 パンダ
整理 zhěnglǐ 動 整理する
行李 xíngli 名 （旅行の）荷物
准备 zhǔnbèi 動 ～するつもりだ
经理 jīnglǐ 名 支配人、経営者
猜 cāi 動 推測する、当てる
谜语 míyǔ 名 なぞなぞ

王府井 Wángfǔjǐng 名 王府井（北京にある一つの繁華街）
裙子 qúnzi 名 スカート
出差 chū//chāi 動 出張する
高中生 gāozhōngshēng 名 高校生
操场 cāochǎng 名 運動場
锻炼 duànliàn 動 鍛える
身体 shēntǐ 名 体
要是 yàoshi 接 もし～ならば
提高 tí//gāo 動 上げる、高める
水平 shuǐpíng 名 水準、レベル
就 jiù 副 ～ならば～する
应该 yīnggāi 助動 ～すべきである
广播 guǎngbō 名 放送
游览 yóulǎn 動 遊覧する
下课 xià//kè 動 授業が終わる
办公室 bàngōngshì 名 事務室
换车 huàn//chē 動 （汽車やバスを）乗り換える
马上 mǎshàng 副 すぐに

语法

1. "打算" ＋動詞 （〜するつもりです）

① A: 你**打算**用汉语写还是用日语写？
(あなたは中国語で書くつもりですか、それとも日本語で書くつもりですか。)

B: 我**打算**先用汉语写，然后用日语写。
(私はまず中国語で書いて、それから日本語で書くつもりです。)

② 我**打算**先打字，再背课文。（私はまず文字を入力し、それから本文を暗唱するつもりです。）

☞ 否定のときは、"没"もしくは"不"を**"打算"**の前に置くのが一般的です。なお、動作を否定するときに使う"没"と"不"の違いについては、「第5課 文法1. の表」(p.47)を参照してください。

③ 爷爷**没打算**圣诞节的时候吃螃蟹。
(お爺さんはクリスマスのときに蟹を食べるつもりはありませんでした。)

④ 我**不打算**节日里去动物园看熊猫。
(私は祝日に動物園へパンダを見に行くつもりはありません。)

2. "刚" ＋動詞 （〜したばかりです）

⑤ 王小姐**刚**整理好行李，准备出发去京都。
(王さんは荷物の整理を終えたばかりで、京都へ出発する予定です。)

⑥ 经理上星期**刚**到日本。（支配人は先週日本に着いたばかりです。）

3. **"想"＋動詞**（～したい）

⑦ 我 <u>想</u> 猜 谜语。
　Wǒ xiǎng cāi míyǔ.
　　　　　　　　　　　　　（私はなぞなぞを当ててみたいです。）

⑧ 我 <u>想</u> 坐 地铁 去 王府井 买 一 条 裙子。
　Wǒ xiǎng zuò dìtiě qù Wángfǔjǐng mǎi yì tiáo qúnzi.
　　　　　　　　　　　（私は地下鉄に乗って王府井に行って、
　　　　　　　　　　　　一枚のスカートを買いたいです。）

☞ 否定のときは、"没"もしくは"不"を"想"の前に置くのが一般的です。
　なお、動作を否定するときに使う"没"と"不"の違いについては、「第5課 文法1. の表」(p.47)を参照してください。

⑨ 我 <u>没</u> <u>想</u> 去 中国 出差。（私は中国へ出張に行きたくありませんでした。）
　Wǒ méi xiǎng qù Zhōngguó chūchāi.

⑩ 冬天 高中生 都 <u>不</u> <u>想</u> 在 操场 上 锻炼 身体。
　Dōngtiān gāozhōngshēng dōu bù xiǎng zài cāochǎng shang duànliàn shēntǐ.
　　　　　　　　　（冬、高校生はみなグランドで体を鍛え
　　　　　　　　　　たくありません。）

4. **"如果（/要是）……的话，……"**（もし～ならば～）

⑪ <u>如果（/要是）</u> 想 提高 中文 水平 <u>的话</u>，就 应该 听 广播。
　Rúguǒ (/Yàoshi) xiǎng tígāo Zhōngwén shuǐpíng dehuà, jiù yīnggāi tīng guǎngbō.
　　　　　　　　　　（もし中国語のレベルを高めたければ、
　　　　　　　　　　　ラジオを聞くべきです。）

⑫ <u>如果（/要是）</u> 你 下个月 有空 <u>的话</u>，我们 去 颐和园 游览 吧！
　Rúguǒ (/Yàoshi) nǐ xiàgeyuè yǒukòng dehuà, wǒmen qù Yíhéyuán yóulǎn ba!
　　　　　　　　　（もしあなたが来月お暇がありましたら、
　　　　　　　　　　私たちは颐和園へ見学に行きましょう。）

5. **"了"の使い方（3）**（～してから～する）

（主語）＋動詞＋"了"（完了のアスペクト、未来の時点での完了を表す）＋（目的語）＋～

⑬ 我 下<u>了</u>课（以后），去 办公室。
　Wǒ xiàle kè (yǐhòu), qù bàngōngshì.
　　　　　　　（私は授業が終わりましたら、事務室に行きます。）

⑭ 你 换<u>了</u>车（以后），请 马上 告诉 我。
　Nǐ huànle chē (yǐhòu), qǐng mǎshàng gàosu wǒ.
　　　　　　（あなたは車を乗り換えた後、すぐ私に伝えてください。）

练习

I. 中国語で言ってみましょう。

1. A：你放假打算做什么？　　　　　　　　　[放假 fàng//jià（休みになる）]

   B：＿＿＿＿＿＿＿＿＿＿＿＿＿＿＿＿＿＿＿＿＿＿＿＿＿＿＿＿＿＿＿＿。

春节	买东西
黄金周 Huángjīnzhōu	看电影
暑假	回老家
寒假	打工

[黄金周 Huángjīnzhōu（日本では5月ですが、中国では国慶節〈10月1日〉から1週間の休暇期間を指す）]

2. A：你想吃什么水果？

   B：＿＿＿＿＿＿＿＿＿＿＿＿＿＿＿＿＿＿＿＿＿＿＿＿＿＿＿＿＿＿＿＿。

==================================覚えよう！

水果 shuǐguǒ（果物）　　　　　　　　　　　　　　⊙2-16

草莓 cǎoméi　（イチゴ）　　　　　　苹果 píngguǒ　（リンゴ）

菠萝（/ 凤梨）bōluó (/ fènglí)（パイナップル）　　葡萄 pútao　（ブドウ）

橘子（/ 桔子）júzi (/ júzi)（ミカン）　　柿子 shìzi　（カキ）

猕猴桃 míhóutáo　（キウイフルーツ）　　桃子 táozi　（モモ）

梨 lí　（ナシ）　　　　　　　　　西瓜 xīguā　（スイカ）

芒果 mángguǒ　（マンゴー）　　　　香蕉 xiāngjiāo　（バナナ）

==

3. A：你喜欢吃<u>什么蔬菜</u>？

   B：_____。

===

shūcài
蔬菜 （野菜）　　　　　　　　　　　　　　　　◎2-17

| báicài 白菜 | （ハクサイ） | nánguā 南瓜 | （カボチャ） |
| biǎndòu 扁豆 | （インゲン豆） | qiézi 茄子 | （ナス） |

báicài
白菜　　　（ハクサイ）　　　　nánguā
南瓜　　　（カボチャ）

báishǔ
白薯　　　（サツマイモ）　　　qiézi
茄子　　　（ナス）

biǎndòu
扁豆　　　（インゲン豆）　　　qíncài
芹菜　　　（セロリ）

bōcài
菠菜　　　（ホウレンソウ）　　qīnggěngcài
青梗菜　　（チンゲンサイ）

cōng
葱　　　　（ネギ）　　　　　　qīngjiāo
青椒　　　（ピーマン）

dōngguā
冬瓜　　　（トウガン）　　　　tǔdòu
土豆　　　（ジャガイモ）

húluóbo
胡萝卜　　（ニンジン）　　　　xīhóngshì
西红柿　　（トマト）

huánggua
黄瓜　　　（キュウリ）　　　　xiānggū
香菇　　　（シイタケ）

luóbo
萝卜　　　（ダイコン）　　　　yuánbáicài（/ yángbáicài）
圆白菜（/ 洋白菜）（キャベツ）

mógu
蘑菇　　　（キノコ）　　　　　yángcōng
洋葱　　　（タマネギ）

===

II. 中国語で書いてみましょう。
次の日本語を中国語に訳し、さらにピンインを書きなさい（漢字は崩したり略したりせずに書き、文中・文末には句読点や疑問符をつけること）。

1. あなたはいつ出発するつもりですか。
   ピンイン
   _____
   訳
   _____

2. 来月、私はルームメートと一緒にディズニーランドに行くつもりです。
   ［ルームメート：同屋 tóngwū］［ディズニーランド：迪士尼 乐园 Dí shì ní lèyuán］
   ピンイン
   _____
   訳
   _____

3. 私の友達は数日前に北京に行ったばかりです。
   ピンイン
   _____
   訳
   _____

4. あなたは北名大学で中国語をどのくらい勉強したいですか。
   ピンイン
   _____
   訳
   _____

5. 私は授業が終わったら、図書館に行きます。
   ピンイン
   _____
   訳
   _____

第 10 课　你下午 5 点之前写得完吗？

2-19

1. 金华：佐藤，你刚才去哪儿了？

2. 佐藤：我上楼去打乒乓球了。

3. 金华：经济学的报告你交了没有？

4. 佐藤：经济学的报告**不是**下星期一截止**吗**？

5. 金华：不是下星期一吧？！**好像**今天下午 5 点截止。

6. 佐藤：什么？谁说的？

7. 金华：王老师说的。你下午 5 点之前**写得**完吗？

8. 佐藤：我昨天晚上已经**把**报告写完了，但是今天没带**来**。

9. 金华：现在 3 点半，你快**跑回**家**去**拿吧！

10. 佐藤：好的，我马上**回去**拿。

课文的生词　　　　　　　　　　　　　2-18

之前　zhīqián　名　～の前、～する以前
得　de　助　可能を表す
刚才　gāngcái　名　さっき
经济学　jīngjìxué　名　経済学
报告　bàogào　名　レポート
交　jiāo　動　手渡す

截止　jiézhǐ　動　締め切る
好像　hǎoxiàng　動　まるで～のようである
把　bǎ　介　～を
回去　huí//qu　動　帰って行く。方向補語になる

语法的生词　　　　　　　　　　　　　2-20

毕业　bì//yè　動　卒業する
搞　gǎo　動　する、やる
习惯　xíguàn　動　慣れる
气候　qìhòu　名　気候
但　dàn　接　しかし
还是　háishi　副　やはり
潮湿　cháoshī　形　湿っぽい、じっとりする
节目　jiémù　名　番組
精彩　jīngcǎi　形　（演技・文章などが）生き生きしている、精彩を放っている、すばらしい
修养　xiūyǎng　名　教養
阅读　yuèdú　動　読解する、閲読する
古典　gǔdiǎn　形　古典的な
文学　wénxué　名　文学

黑板　hēibǎn　名　黒板
座　zuò　量　山や建造物などを数える
山　shān　名　山
照片　zhàopiàn　名　写真
护照　hùzhào　名　パスポート
哎呀　āiyā　感　あっ、あら
坏了　huàile　しまった
记得　jì//de　動　覚えている
地址　dìzhǐ　名　住所
签名　qiān//míng　動　署名する、サインする
书架　shūjià　名　本棚
国外　guówài　名　国外
贺年片　hèniánpiàn　名　年賀状
首　shǒu　量　～首、～曲、詩・歌などを数える

语法 ◎2-21

1. 反語の表現 "不是……吗"(～ではありませんか、そうでしょう)

① A：你 去年 **不是** 已经 毕业 了 **吗**?
Nǐ qùnián bú shì yǐjīng bìyè le ma?
（あなたは去年もう卒業したのではなかったのですか。）

B：你 搞错 了 吧? 我 今年 毕业。
Nǐ gǎocuò le ba? Wǒ jīnnián bìyè.
（間違っていませんか。私は今年卒業します。）

② A：你 **不是** 已经 习惯 这里 的 气候 了 **吗**?
Nǐ bú shì yǐjīng xíguàn zhèli de qìhòu le ma?
（あなたはすでにここの気候に慣れたのではないでしょうか。）

B：是 的，但 我 还是 觉得 这儿 有点儿 潮湿。
Shì de, dàn wǒ háishi juéde zhèr yǒudiǎnr cháoshī.
（はい。しかし、ここはやはり少しじめじめしていると思います。）

2. "好像……"(まるで～のようだ、～のような気がする)

③ 听 他 说 那个 节目 **好像** 很 精彩。
Tīng tā shuō nàge jiémù hǎoxiàng hěn jīngcǎi.
（彼の話によると、あの番組はすばらしいようです。）

④ 为了 提高 修养，她 **好像** 经常 阅读 古典 文学。
Wèile tígāo xiūyǎng, tā hǎoxiàng jīngcháng yuèdú gǔdiǎn wénxué.
（教養を高めるため、彼女はよく古典文学を読むようです。）

3. 可能補語

☞ 結果補語あるいは方向補語の形が表す動作・行為が、可能か不可能かを表すのが「可能補語」である。

⑤ A：你 看**得**清楚 黑板 上 的 字 吗?
Nǐ kàndeqīngchu hēibǎn shang de zì ma?
（あなたは黒板の字が見えますか。）

B：对不起，我 看**不**清楚。
Duìbuqǐ, wǒ kànbuqīngchu.
（すみません、私はよく見えません。）

⑥ 那 座 山 太 高，我 爬**不**上去。
Nà zuò shān tài gāo, wǒ pábushàngqu.
（あの山は高すぎて、私は登れません。）

⑦

動詞	〜できる	〜できない
lái 来 (来る)	lái de jí 来得及 (間に合う)	lái bu jí 来不及 (間に合わない)
kàn 看 (見る)	kàn de dǒng 看得懂 (見てわかる、読んでわかる)	kàn bu dǒng 看不懂 (見てわからない、読んでわからない)
shòu 受 (耐える)	shòu de liǎo 受得了 (耐えられる)	shòu bu liǎo 受不了 (耐えられない)
shuì 睡 (寝る)	shuì de zháo 睡得着 (寝られる)	shuì bu zháo 睡不着 (寝つけない)
shuō 说 (話す)	shuō de qīngchu 说得清楚 (はっきり言える)	shuō bu qīngchu 说不清楚 (はっきり言えない)
tīng 听 (聞く)	tīng de dǒng 听得懂 (聞いてわかる)	tīng bu dǒng 听不懂 (聞いてわからない)
zuò 做 (する、作る)	zuò de hǎo 做得好 (うまくやれる、うまく作れる)	zuò bu hǎo 做不好 (うまくやれない、うまく作れない)

4. "把"構文 （処置文）

主語＋"把"＋目的語＋動詞＋その他の成分（補語など）

☞ 介詞"把"によって目的語を動詞の前に出し、目的語に処置（状態や形を変えたり、場所を移動させたりする）を加え、「〜してしまう」というニュアンスを表すときに"把"構文を用いる。

⑧ Qǐng bǎ nà zhāng zhàopiàn gěi wǒ kànkan.
请把那张照片给我看看。
（あの写真を私にちょっと見せてください。）

⑨ A：Nǐ bǎ hùzhào fàngzài nǎr le?
你把护照放在哪儿了？（パスポートをどこに置きましたか。）

B：Āiyā, huàile, wǒ bú jìde le.
哎呀，坏了，我不记得了。（あら、しまった、私は覚えていません。）

⑩ A：Qǐng bǎ nǐ de dìzhǐ hé diànhuà hàomǎ xiězài zhè zhāng zhǐ shang.
请把你的地址和电话号码写在这张纸上。
（あなたの住所と電話番号をこの紙に書いてください。）

B：Hǎode. Yào qiānmíng ma?
好的。要签名吗？（わかりました。サインは必要ですか。）

☞ "没(有)"や"不"は"把"の前に置きます。
なお、動作を否定するときに使う"没"と"不"の違いについては、「第5課 文法1. の表」(p.47)を参照してください。

⑪ 他 没(有) 把 那本书 放到 书架 上。
　　Tā méi(you) bǎ nà běn shū fàngdào shūjià shang.

　　　　　　　　　　　　　(彼はあの本を本棚に置きませんでした。)
　　　　　　　　　　　　　(彼はあの本を本棚に置いていません。)

5. 方向補語

単純方向補語"来/去"と複合方向補語"上/下/进/出/回/过/起"＋"来/去"

➤ 動詞＋単純方向補語"来/去"

⑫ 朋友 从 国外 寄来 一 张 贺年片。
　　Péngyou cóng guówài jìlái yì zhāng hèniánpiàn.

　　　　　　　　　　(友達は海外から一枚の年賀状を送って来ました。)

⑬ 我 给 大家 带来 一 首 歌。希望 大家 喜欢！
　　Wǒ gěi dàjiā dàilái yì shǒu gē. Xīwàng dàjiā xǐhuan!

　　　　　　(私はみなさんに一曲歌を贈ります。みなさんが好きでありますように。)

➤ 動作の方向を表す動詞"上/下/进/出/回/过/起"＋場所＋単純方向補語"来/去"

⑭

動詞 単純方向補語	shàng 上 (上がる)	xià 下 (下りる、降りる)	jìn 进 (入る)	chū 出 (出る)	huí 回 (戻る)	guò 过 (通る、渡る)	qǐ 起 (起きる、上がる)
lái 来 (来る)	shàng//lai 上来 (上がって来る)	xià//lai 下来 (下りて来る)	jìn//lai 进来 (入って来る)	chū//lai 出来 (出て来る)	huí//lai 回来 (戻って来る)	guò//lai 过来 (やって来る)	qǐ//lai 起来 (起きる、起き上がる)
qù 去 (行く)	shàng//qu 上去 (上がって行く)	xià//qu 下去 (下りて行く)	jìn//qu 进去 (入って行く)	chū//qu 出去 (出て行く)	huí//qu 回去 (戻って行く)	guò//qu 过去 (向こうへ行く)	/

⑮ 老师 进 教室 来 了。　　(先生は教室に入って来ました。)
　　Lǎoshī jìn jiàoshì lái le.

⑯ 他 回 办公室 去 了。　　(彼は事務室に戻って行きました。)
　　Tā huí bàngōngshì qù le.

➤ 動詞+方向補語"上/下/进/出/回/过/起"＋場所＋単純方向補語"来/去"

⑰ 老师 跑进 教室 来 了。　　(先生は走って教室に入って来ました。)
　　Lǎoshī pǎojìn jiàoshì lái le.

⑱ 他 走回 办公室 去 了。　　(彼は歩いて事務室に戻って行きました。)
　　Tā zǒuhuí bàngōngshì qù le.

练习

I. 中国語で言ってみましょう。

1. 例にならい、「第10課 文法3.可能補語」(p.88)を使って、会話を作成しなさい。

   【例】A：现在出发**来得及**吗？

   B：**来得及**，还有半个小时呢。

   来不及了，我们坐下一班地铁吧！

   [班 (〈交通機関の〉発着回数・運航便に用いる量詞)]
   bān

2. 例にならい、「第10課 文法5.方向補語」(p.89)を使って、会話を作成しなさい。

   【例】A：快**上楼来**睡觉吧！

   B：好的，我马上就**上去**。   [就 (すぐに)]
                              jiù

===================================**覚えよう！**

一天的作息 (一日の生活)	◎2-22
yì tiān de zuòxī	

qǐ//chuáng shuì//jiào	shàng//bān xià//bān
起 床 ↔ 睡 觉	上 班 ↔ 下 班 (出勤する↔退勤する)
(起床する↔寝る)	jiā//bān
shuā//yá	加 班 (残業をする)
刷 牙 (歯を磨く)	shàng//kè xià//kè
xǐ//liǎn	上 课 ↔ 下 课 (授業をする、授業に
洗 脸 (顔を洗う)	出る、授業が始まる
chī zǎofàn (/ chī zǎocān)	↔授業が終わる)
吃 早 饭 (/ 吃 早 餐)	shàng//xué fàng//xué
(朝ご飯を食べる)	上 学 ↔ 放 学
chī wǔfàn (/ chī wǔcān)	(登校する↔下校する)
吃 午 饭 (/ 吃 午 餐)	zuò zuòyè
(昼ご飯を食べる)	做 作 业 (宿題をする)
chī diǎnxin	zuò//fàn
吃 点 心 (点心〈お菓子、	做 饭 (ご飯を作る)
おやつ〉を食べる)	zuò//cài
chī wǎnfàn (/ chī wǎncān)	做 菜 (料理を作る)
吃 晚 饭 (/ 吃 晚 餐)	xǐ yīfu
(晩ご飯を食べる)	洗 衣 服 (洗濯する)
gōngzuò	xǐ//zǎo
工 作 (仕事をする)	洗 澡 (入浴する)

======================================

II. 中国語で書いてみましょう。
次の日本語を中国語に訳し、さらにピンインを書きなさい（漢字は崩したり略したりせずに書き、文中・文末には句読点や疑問符をつけること）。

1. あなたは先ほどどこに行きましたか。
ピンイン

訳

2. 経済学のレポートは来週の月曜日に締め切りではないでしょうか。
ピンイン

訳

3. どなたが言ったのですか。
ピンイン

訳

4. あなたの住所と電話番号をこの紙に書いてください。
ピンイン

訳

5. 教養を高めるために、彼女はよく古典文学を読むようです。
ピンイン

訳

第 11 课　你怎么现在才来呢？

Dì shíyī kè　Nǐ zěnme xiànzài cái lái ne?

2-24

1. 金华：佐藤，**你怎么**现在才来呢？
   Zuǒténg, nǐ zěnme xiànzài cái lái ne?

2. 佐藤：对不起，我来晚了。
   Duì bu qǐ, wǒ láiwǎn le.

3. 金华：你怎么了？
   Nǐ zěnme le?

4. 佐藤：我的钱包**被**人偷走了。
   Wǒ de qiánbāo bèi rén tōu zǒu le.

5. 金华：你报警了没有？**为什么**不给我打个电话呢？
   Nǐ bào jǐng le méi you? Wèi shénme bù gěi wǒ dǎ ge diànhuà ne?

6. 佐藤：我还没报警。**因为**出门的时候太急了，**所以**没带手机。
   Wǒ hái méi bàojǐng. Yīnwei chūmén de shíhou tài jí le, suǒyǐ méi dài shǒujī.

7. 金华：原来是这样。你**别**哭！我陪你去一趟公安局吧！
   Yuánlái shì zhèyàng. Nǐ bié kū! Wǒ péi nǐ qù yí tàng gōng'ān jú ba!

8. 佐藤：麻烦你了。
   Máfan nǐ le.

9. 金华：我将来一定要当一名警察！……**虽然**钱包**被**偷走了，**但是只要**你没事**就**好。
   Wǒ jiānglái yídìng yào dāng yì míng jǐngchá! ……Suīrán qiánbāo bèi tōuzǒu le, dànshì zhǐyào nǐ méishì jiù hǎo.

10. 佐藤：金华，谢谢你帮我。
    Jīn Huá, xièxie nǐ bāng wǒ.

课文的生词　　　　　　　　　　　　2-23

怎么 zěnme 代 なぜ	原来 yuánlái 副 なんと〜であったのか
才 cái 副 やっと	这样 zhèyàng 代 このような、このように、こういうふうにする
晚 wǎn 形 (時間が) 遅い	
钱包 qiánbāo 名 財布	别 bié 副 〜してはいけない
被 bèi 介 〜に〜される、受身文で動作の実行者を表す	陪 péi 動 付き添う
	公安局 gōng'ānjú 名 公安局、警察署
偷 tōu 動 盗む	麻烦 máfan 形 煩わしい
走 zǒu 行く、離れる、去る [結果補語として用いる]	将来 jiānglái 名 将来
	要 yào 助動 (意志) 〜したい
报警 bào//jǐng 動 (警察などへ) 危急を知らせる、通報する	当 dāng 動 〜になる
	名 míng 量 〜名、ある身分・職業を持つ人を数える
为什么 wèishénme なぜ	
因为 yīnwei 接 〜なので、なぜなら〜であるから	警察 jǐngchá 名 警察
	虽然 suīrán 接 〜ではあるが
出门 chū//mén 動 外出する	只要 zhǐyào 接 〜しさえすれば
急 jí 形 焦る、いらだつ	没事 méishì なんでもない
所以 suǒyǐ 接 だから、従って	帮 bāng 動 手伝う、助ける

语法的生词　　　　　　　　　　　　2-25

重要 zhòngyào 形 重要である	叫 jiào 動 叫ぶ
活动 huódòng 名 活動	打 dǎ 動 殴る
流利 liúlì 形 流暢である	开玩笑 kāi wánxiào からかう、冗談を言う
笔记本电脑 bǐjìběn diànnǎo 名 ノートパソコン	对 duì 介 〜に (対して)、〜について、動作の対象などを表す
弄 nòng 動 やる、する	历史 lìshǐ 名 歴史
坏 huài 悪い結果が生じる、〜してだめになる [結果補語として用いる]	感 gǎn 動 感じる、思う
	内容 nèiróng 名 内容
批评 pīpíng 動 批判する、叱る	没意思 méi yìsi 形 面白くない、つまらない
让 ràng / 叫 jiào 介 〜に〜される。受け身文で動作の実行者を表す	理想 lǐxiǎng 名 理想
	物理 wùlǐ 名 物理
蛋糕 dàngāo 名 ケーキ	同意 tóngyì 動 同意する
表扬 biǎoyáng 動 表彰する、褒める	相信 xiāngxìn 動 信じる
不要 búyào 副 〜してはいけない	幸福 xìngfú 形 幸福である
担心 dān//xīn 動 心配する	油腻 yóunì 形 脂っこい
	胃口 wèikǒu 名 食欲

语法

1. "怎么"(2) と "为什么"（なぜ～、どうして～）

☞ "怎么"は"为什么"よりいぶかる気持ちや同意しかねて詰問する気持ちが強いです。"为什么"と聞かれると、"因为……所以……"で答えるのが一般的です。また、"怎么"には「どうやって」という、方法を尋ねる使い方があります（「第7課文法2.」〈"怎么"＋動詞〉〈p.65〉を参照してください）。

☞ 「第6課 文法4」（p.57）で説明したように、目的語を強調するとき、あるいは目的語が長いときは文頭に置いたり、主語の後に置いたりします。

① Nàme zhòngyào de huódòng wǒ zěnme néng bù gěi nǐ jièshào ne?
   那么 重要 的 活动 我 **怎么** 能 不 给 你 介绍 呢？
   （あんなに重要な活動、私はどうしてあなたに紹介しないでいられますか。）

② A: Tā Zhōngwén wèishénme shuōde nàme liúlì?
   她 中文 **为什么** 说得 那么 流利？
   （彼女は中国語がどうしてあんなに流暢ですか。）

   B: Yīnwei tā píngshí jīngcháng liànxí, suǒyǐ Zhōngwén shuōde fēicháng liúlì.
   因为 她 平时 经常 练习，**所以** 中文 说得 非常 流利。（彼女は普段よく練習するので、中国語を話すのが非常に流暢です。）

2. 受身の表現 A "被" B（AはBに～される）
主語＋"被"（＋行為者）＋動詞＋行為の結果などを表す語

③ Tā de bǐjìběn diànnǎo bèi nònghuài le.
   他 的 笔记本 电脑 **被** 弄坏 了。
   （彼のノートパソコンは壊されてしまいました。）

④ A: Nǐ bèi lǎoshī pīpíngguo ma?
   你 **被** 老师 批评过 吗？（あなたは先生に叱られたことがありますか。）

   B: Wǒ bèi lǎoshī pīpíngguo yí cì.
   我 **被** 老师 批评过 一次。
   （私は先生に一度叱られたことがあります。）

☞ "被" "让" "叫"はいずれも「受動文」に用いられるが、"被"はやや改まった場合や書き言葉に用いるが、"让" "叫"は話し言葉に用いる。

⑤ Dàngāo quán bèi (/ ràng / jiào) tā chī le.
   蛋糕 全 被 (/ 让 / 叫) 他 吃 了。
   （ケーキは彼に全部食べられてしまいました。）

☞ "没(有)"や"不"は"被"などの介詞の前に置きます。
なお、動作を否定するときに使う"没"と"不"の違いについては、「第5課 文法1.の表」（p.47）を参照してください。

⑥ Tā jīngcháng **bèi** lǎoshī biǎoyáng, **méi(you) bèi** lǎoshī pīpíngguo.
　她 经 常 **被** 老师 表 扬，**没（有） 被** 老师 批 评 过。

　　（彼女はよく先生に褒められましたが、〈先生に〉叱られたことはありませんでした。）
　　（彼女はよく先生に褒められましたが、〈先生に〉叱られたことはありません。）

3. **禁止の表現 "别…… / 不要……"**（〈禁止を表す〉～するな）

⑦ **Bié** dānxīn. / **Búyào** dānxīn.
　别 担 心。／ **不要** 担 心。　　　　（心配しないでください。）

⑧ **Bié** zài zhèr chōuyān. / **Búyào** zài zhèr chōuyān.
　别 在 这儿 抽 烟。／ **不要** 在 这儿 抽 烟。
　　　　　　　　　　　　　　　（ここでタバコを吸わないでください。）

"别……了" / "不要……了"（～するのをやめてください）

⑨ **Bié** jiào **le**, **bié** dǎ **le**. / **Búyào** jiào **le**, **búyào** dǎ **le**.
　别 叫 **了**，**别** 打 **了**。／ **不要** 叫 **了**，**不要** 打 **了**。
　　　　　　　　　　　　　　　（叫ぶのをやめて、殴るのをやめてください。）

⑩ **Bié** kāi wánxiào **le**. / **Búyào** kāi wánxiào **le**.
　别 开 玩 笑 **了**。／ **不要** 开 玩 笑 **了**。
　　　　　　　　　　　　　　　（冗談を言うのをやめてください。）

4. **"虽然……，但是……"**（～ではあるけれど、しかし～）

⑪ **Suīrán** duì lìshǐ hěn gǎn xìngqù, **dànshì** zhèxiē nèiróng tā juéde méi yìsi.
　虽然 对 历 史 很 感 兴 趣，**但是** 这些 内 容 他 觉得 没 意思。
　　（歴史にとても興味がありますが、これらの内容は彼は面白くないと思います。）

⑫ **Suīrán** tā de lǐxiǎng shì dāng yì míng wùlǐ lǎoshī, **dànshì** tā māma bù tóngyì.
　虽然 他 的 理 想 是 当 一 名 物理 老 师，**但是** 他 妈 妈 不 同 意。
　　　　　　　　　　　　（彼の理想は物理の先生になることですが、彼のお母さんは許しません。）

5. **"只要……，就……"**（～しさえすれば、～でさえあれば）

⑬ Nǐ **zhǐyào** xiāngxìn wǒ, **jiù** yídìng huì xìngfú de.
　你 **只要** 相 信 我，**就** 一定 会 幸 福 的。
　　　　　　　　　（あなたは私を信じさえすれば、きっと幸せになるはずです。）

⑭ Cài **zhǐyào** bù yóunì, wǒ **jiù** yǒu wèikǒu.
　菜 **只要** 不 油 腻，我 **就** 有 胃口。
　　　　　　　　　（料理が脂っこくなければ、私は食欲があります。）

练习

I. 中国語で言ってみましょう。

1. A：你<u>为什么</u>学习汉语？

   B：因为_____，

   所以_____。

2. A：你大学毕业以后，想当<u>什么</u>？

   B：我想当一名_____。

===================================== 覚えよう！

职业 (職業)　　　　　　　　　　　　　　　2-27
zhí yè

dǎoyǎn 导演 （監督）	jìzhě 记者 （記者）
fānyì 翻译 （翻訳者、通訳者）	jiàoshī 教师 （教師）
gōngrén 工人 （労働者）	yǎnyuán 演员 （俳優）
hùshi 护士 （看護師）	yīshēng / dàifu 医生 / 大夫 （医者）

=====================================

II. 中国語で書いてみましょう。

例にならって、次の"把"構文（処置文）を"被"構文（受身文）に直し、さらに日本語に訳しなさい（漢字は崩したり略したりせずに書き、文末には句点や疑問符などをつけること）。

【例】

小偷把我的钱包偷走了。⇒ 我的钱包被小偷偷走了。[小偷（どろぼう）xiǎotōu]

訳：私の財布はどろぼうに盗まれてしまいました。

1. 他把病人送到医院里去了。⇒＿＿＿＿＿＿＿＿＿＿＿＿＿＿＿＿＿＿＿
   [病人（病人）bìngrén]

   訳＿＿＿＿＿＿＿＿＿＿＿＿＿＿＿＿＿＿＿＿＿＿＿＿＿＿＿＿＿＿＿

2. 弟弟把我的电脑弄坏了。⇒＿＿＿＿＿＿＿＿＿＿＿＿＿＿＿＿＿＿＿

   訳＿＿＿＿＿＿＿＿＿＿＿＿＿＿＿＿＿＿＿＿＿＿＿＿＿＿＿＿＿＿＿

3. 他把剩下的啤酒都喝完了。⇒＿＿＿＿＿＿＿＿＿＿＿＿＿＿＿＿＿＿
   [剩下（残る、余る。残す、余す）shèngxià]

   訳＿＿＿＿＿＿＿＿＿＿＿＿＿＿＿＿＿＿＿＿＿＿＿＿＿＿＿＿＿＿＿

4. 妹妹把我的自行车骑走了。⇒＿＿＿＿＿＿＿＿＿＿＿＿＿＿＿＿＿＿

   訳＿＿＿＿＿＿＿＿＿＿＿＿＿＿＿＿＿＿＿＿＿＿＿＿＿＿＿＿＿＿＿

5. 爸爸把哥哥说了一顿。⇒＿＿＿＿＿＿＿＿＿＿＿＿＿＿＿＿＿＿＿＿
   [说（説教する、叱る）shuō][顿（〜回、食事や叱責の回数を数える）dùn]

   訳＿＿＿＿＿＿＿＿＿＿＿＿＿＿＿＿＿＿＿＿＿＿＿＿＿＿＿＿＿＿＿

第 12 课　你下个月就要回国了吧？

🔊 2-29

1. 金华：你下个月就要回国了吧？

2. 佐藤：是的。我真舍不得离开中国。

3. 金华：回日本以后，别忘了我。

4. 佐藤：忘不了。刚来的时候，我中文一点儿也听不懂。谢谢你一直关心和照顾我。

5. 金华：你怎么又哭了？今天我请客。来，再干一杯，多吃一点儿菜。一会儿我送你回家。

6. 佐藤：我已经吃饱了。谢谢！

7. 金华：你看，我给你买了一件礼物。

8. 佐藤：你对我真好！

9. 金华：希望我们能一直保持联系。

10. 佐藤：我们用"微信"联系吧！我以后还要来中国！

课文的生词　　　　　　　　　　　🎧2-28

就要 jiùyào 接 まもなく、いますぐ。"……时候"など以外は、文末に"了"を伴う

国 guó 名 国

舍不得 shěbude 離れがたい、別れるのが辛い

离开 lí//kāi 動 離れる

忘 wàng 動 忘れる

忘不了 wàngbuliǎo 忘れられない、忘れることはない

⇔忘得了 wàngdeliǎo 忘れられる

一直 yìzhí 副 ずっと

关心 guān//xīn 動 関心を持つ

照顾 zhàogù 動 世話をする

又 yòu 副 また、その上

请客 qǐng//kè 動 （食事などに）招待する、おごる

来 lái （人を促して）さあ

再 zài 副 さらに、もっと

干杯 gān//bēi 動 乾杯する

送 sòng 動 （人を）送る

饱 bǎo 形 満腹である

礼物 lǐwù 名 贈り物

保持 bǎochí 動 保持する、保つ、維持する

联系 liánxì 名 連絡

微信 wēixìn 名 WeChat、中国IT企業テンセントが作った無料メッセンジャーアプリ

语法的生词　　　　　　　　　　　🎧2-30

快要 kuàiyào 副 （"快要……了"で）間もなく～する

国庆节 Guóqìngjié 名 建国記念日、新暦の10月1日

雪 xuě 名 雪

数学 shùxué 名 数学

抽 chōu 動 たばこを吸う

请 qǐng 動 招く

　　　動 人に～するよう頼む

不用 búyòng 副 ～する必要はない

AA制 AAzhì 名 割り勘

再 zài 副 また、もう一度

语法 ◉2-31

1. **近い未来を表す "就要……了" "快要……了" "快……了" "要……了"** (もうすぐ～、じきに～)

① Nǐ xià ge yuè jiùyào huí guó le ba?
   你 下 个 月 **就要** 回 国 **了** 吧？
   　　　　　　　　　　　　（あなたは来月にはもう帰国されるでしょう。）

② Kuàiyào dào Guóqìngjié le.
   快要 到 国 庆 节 **了**。（もうすぐ国慶節〈中国の建国記念日〉になります。）

③ Hǎoxiàng yào xià xuě le, wǒmen kuài huí jiā ba!
   好 像 **要** 下 雪 **了**，我们 **快** 回 家 吧！
   　　　　　　（雪が降りそうなので、私たちは早く家に帰りましょう。）

☞ 事態が発生する具体的な時間を指定できるのは **"就要……了"** だけです。

④ Huǒchē jiǔ diǎn jiùyào kāi le.
   火 车 九 点 **就要** 开 **了**。　　　　（列車は9時にはもう出発します。）

☞ **"快……了"** のみ間に時を表す名詞や数量詞を置くことができます。

⑤ Kuài chūntiān le.
   快 春 天 **了**。　　　　　　　　（もうすぐ春です。）

⑥ Wǒ kuài èrshí suì le.
   我 **快** 二 十 岁 **了**。　　　（私はもうすぐ20歳になります。）

2. **強調の表現 "一点儿也 (/ 一点儿都)" ＋否定文** (少しも～でない)

⑦ Gāng lái de shíhou, wǒ Zhōngwén yìdiǎnr yě tīngbudǒng. /
   刚 来 的 时候，我 中 文 **一点儿也** 听 不 懂。／
   Gāng lái de shíhou, wǒ Zhōngwén yìdiǎnr dōu tīngbudǒng.
   刚 来 的 时候，我 中 文 **一点儿都** 听 不 懂。
   　　　　（来たばかりのとき、私は中国語を聞いても全然わかりませんでした。）

⑧ Wǒ duì shùxué yìdiǎnr yě bù gǎn xìngqù. / Wǒ duì shùxué yìdiǎnr dōu
   我 对 数 学 **一点儿也** 不 感 兴 趣。／ 我 对 数 学 **一点儿都**
   bù gǎn xìngqù.
   不 感 兴 趣。　　　　　　（私は数学に少しも興味がありません。）

3. **"多" ＋動詞** (たくさん～する)

⑨ Jīntiān wǒ qǐngkè, nǐ duō chī yìdiǎnr cài ba! Lái, gānbēi!
   今 天 我 请 客，你 **多 吃** 一点儿 菜 吧！来，干 杯！
   　　　（今日は私のおごりです。料理をたくさん食べてください。さあ、乾杯。）

⑩ Qǐng zài jiāli duō xiūxixiūxi.
   请 在 家 里 **多 休 息**休息。　　（家でたくさん休んでください。）

"少" ＋動詞 (～を控えめにする)

⑪ Chōuyān duì shēntǐ bù hǎo, nǐ shǎo chōu yìdiǎnr ba!
   抽 烟 对 身 体 不 好，你 **少 抽** 一点儿 吧！
   　　　　（タバコを吸うのは体に悪いから、少し控えめにしてください。）

⑫ Nǐ shǎo hē yìdiǎnr jiǔ ba!
   你 **少 喝** 一点儿 酒 吧！　（お酒を飲むのを少し控えめにしてください。）

4. 兼語文

動詞①＋兼語＋動詞（句）②

「兼語」とは、動詞①の目的語であり、動詞（句）②の主語でもある語、すなわち２つの役割を兼ねる語のことをいう。兼語を含む文が「兼語文」である。

```
我（全体の主語）＋请（動詞①）＋你（目的語）
                              你（主語）＋吃饭（動詞句②）
```

⑬ Yíhuìr wǒ sòng nǐ huí jiā ba!
一会儿 我 送 你 回 家 吧！　　（後ほどあなたを家まで送りますね。）

⑭ A: Nǐ jīntiān yǒukòng ma? Wǒ qǐng nǐ qù chàng Kǎlā OK ba!
你 今 天 有 空 吗？我 请 你 去 唱 卡拉 OK 吧！
（あなたは今日お時間がありますか。私はあなたをカラオケにご招待しましょう。）

B: Búyòng kèqi, wǒmen háishi AA zhì ba!
不用 客气，我们 还是 AA 制 吧！
（気を使わないでください。やはり割り勘にしましょう。）

⑮ Tā qǐng péngyou bāngmáng.
她 请 朋 友 帮 忙。　　（彼女は友達に手伝ってもらいます。）

5. "又"（また～）　"再"（再び、もう一度、また～）　"还"（まだ～、また～）

⑯

動作の繰り返し、もしくは継続を表す	例文
"又" （主に過去に行われた動作の繰り返しを表す）	Tā qiántiān yòu qù Chángchéng le. 他 前 天 又 去 长 城 了。 （彼は一昨日にまた万里の長城に行きました。） Tā gāngcái yòu hē le liǎng bēi bīng píjiǔ. 他 刚才 又 喝了 两 杯 冰 啤酒。 （彼は先ほどまた２杯の冷たいビールを飲みました。）
"再" （未来に行われる動作の繰り返しを表す）	Qǐng zài shuō yí biàn. 请 再 说 一 遍。　（もう一度話してください。） Wàimian zhèng xiàzhe yǔ ne, nǐ děng yíhuìr zài chūqu ba! 外 面 正 下 着 雨 呢，你 等 一会儿 再 出 去 吧！（外はちょうど雨が降っていますので、しばらくしてから出かけてください。）
"还" （継続・変化がないとき、疑問文に用いるとき、または助動詞の前に置くこともある）	Tā hái méi huílai. 她 还 没 回 来。　（彼女はまだ帰って来ていません。） Nǐ míngtiān hái lái ma? 你 明 天 还 来 吗？　（あなたは明日また来ますか。） Nàge diànyǐng wǒ hái xiǎng kàn yí biàn. 那个 电 影 我 还 想 看 一 遍。 （あの映画を私はもう一度見たいです。）

练习

I. 中国語で言ってみましょう。

1. A：今天我请你去必胜客吃比萨饼吧！

   B：真的吗？太好了！

===覚えよう！

外来语 wàiláiyǔ （外来語）　　　　　　　　　　　　◎2-32

āodiǎn 熬点 （おでん）	Duōlā A mèng 哆啦A梦 （ドラえもん）
Bì shèngkè 必胜客 （ピザハット）	Làbǐ xiǎoXīn 蜡笔小新 （クレヨンしんちゃん）
hànbǎobāo 汉堡包 （ハンバーガー）	Yīngtáo xiǎo wánzi 樱桃小丸子 （ちびまる子ちゃん）
Kěndéjī 肯德基 （ケンタッキー）	Luósēn 罗森 （ローソン）
Màidāngláo 麦当劳 （マクドナルド）	Xīngbākè 星巴克 （スターバックス）
Zhāngyú xiǎo wánzi 章鱼小丸子 （たこ焼き）	Yōuyī kù 优衣库 （ユニクロ）

===

2. A：今天我请客。来，再喝一杯啤酒，多吃一点儿菜。

   B：不好意思，我们还是AA制吧！

===

菜系和食品 càixì hé shípǐn （料理の系統と食品）　　　◎2-33

xīcān 西餐 （西洋料理）	yú 鱼 （魚）
Rìcān 日餐 （日本料理）	niúròu 牛肉 （牛肉）
Zhōngcān 中餐 （中華料理）	zhūròu 猪肉 （豚肉）
jīròu 鸡肉 （鶏肉）	bǐsàbǐng 比萨饼 （ピザ）
yāròu 鸭肉 （アヒルの肉）	yìdàlìmiàn 意大利面 （スパゲッティ）

===

＊ 第3課の「覚えよう！（飲み物）」（p.35）も応用してください。

II. 中国語で書いてみましょう。
1. 次の日本語を中国語に訳し、さらにピンインを書きなさい（漢字は崩したり略したりせずに書き、文中・文末には句読点や疑問符をつけること）。

(1) あなたは来週にはもう帰国されるでしょう。

ピンイン _____

訳 _____

(2) 来たばかりのとき、私は日本語を聞いても全然わかりませんでした。

ピンイン _____

訳 _____

(3) あなたがずっと私のことを手伝ってくれてどうもありがとうございました。

[手伝う：帮助 bāngzhù]

ピンイン _____

訳 _____

(4) あなたは今日お時間がありますか。私はあなたにご飯をご招待します。

ピンイン _____

訳 _____

(5) 水餃子をたくさん食べてください。

[水餃子：水饺 shuǐjiǎo]

ピンイン _____

訳 _____

2. "又" "再" "还" を使って下の文を完成させて、さらに日本語に訳しなさい（漢字は崩したり略したりせずに書き、文末には句点や疑問符などをつけること）。

(1) 她5点就回家了，你明天_____来吧！　　　　　　［就（もう、すでに）］

　　訳
　　_____

(2) 我_____想看那个电视剧。　　　　　　　　　　　［电视剧（テレビドラマ）］

　　訳
　　_____

(3) 他昨天_____去了。

　　訳
　　_____

(4) 你_____去中国吗？

　　訳
　　_____

(5) 我想了_____想，还是想不起来。

　　訳
　　_____

語句索引

［発］は発音編のページを示す。［　］の数字は初出の課を示す。

A

AA制	AAzhì	名 割り勘	[12]
阿姨	āyí	名 おばさん、お手伝いさん	[1]
啊	a	助 感嘆や催促の語気を表す	[3]
哎呀	āiyā	感 あっ、あら	[10]
爱好	àihào	名 趣味	[6]
爱人	àiren	名 配偶者、夫、妻	[1]
熬点	āodiǎn	名 おでん	[12]
澳大利亚	Àodàlìyà	名 オーストラリア	[1]
澳门	Àomén	名 マカオ	[4]
奥运会	Àoyùnhuì	名 "奥林匹克运动会"の略、オリンピック	[6]

B

八	bā	数 8	[発]
把	bǎ	量 〜本、〜丁、〜脚、柄や握りのあるものを数える	[2]
		介 〜を	[10]
爸爸	bàba	名 父さん、父	[3]
吧	ba	助 請求・推測・勧誘などの語気を表す	[3]
白菜	báicài	名 ハクサイ	[9]
白色	báisè	名 白色	[5]
白薯	báishǔ	名 サツマイモ	[9]
白天	báitiān	名 昼間	[2]
百	bǎi	数 百（の位）	[発]
百货商店	bǎihuò shāngdiàn	名 デパート	[5]
百货大楼	bǎihuò dàlóu	名 デパート	[5]
班	bān	名 クラス	[3]
		量 （交通機関の）発着回数・運航便に用いる量詞	[10]
搬	bān	動 運ぶ、移す	[7]
半	bàn	数 2分の1、半	[4]
办法	bànfǎ	名 方法	[3]
办公室	bàngōngshì	名 事務室	[9]
帮	bāng	動 手伝う、助ける	[11]
帮忙	bāng//máng	動 手伝う、助ける	[6]
帮助	bāngzhù	動 手伝う、助ける	[12]
棒球	bàngqiú	名 野球	[6]
傍晚	bàngwǎn	名 夕方	[2]
包	bāo	名 かばん	[2]
		動 包む	[6]
饱	bǎo	形 満腹である	[12]
保持	bǎochí	動 保持する、保つ、維持する	[12]
报告	bàogào	名 レポート	[10]
报(纸)	bào(zhǐ)	名 新聞	[6]
报警	bào//jǐng	動 （警察などへ）危急を知らせる、通報する	[11]
杯	bēi	量 〜杯、カップに入ったものを数える	[2]
杯子	bēizi	名 コップ、グラス	[発]
北边	běibian	名 北、北の方	[4]
北海道	Běihǎidào	名 北海道	[4]
北京	Běijīng	名 北京	[4]
北面	běimian	名 北、北の方	[4]
背	bèi	動 暗唱する	[9]
被	bèi	介 〜に〜される、受身文で動作の実行者を表す	[11]
被子	bèizi	名 布団	[発]
本	běn	量 〜冊、書籍類を数える	[2]
本子	běnzi	名 ノート	[1]
比	bǐ	介 〜よりも、比較の対象を表す	[6]

比赛	bǐsài	名試合	[6]
比较	bǐjiào	副比較的、割に	[2]
比萨饼	bǐsàbǐng	名ピザ	[12]
笔	bǐ	名ペン、筆記具	[3]
笔记本电脑	bǐjìběn diànnǎo	名ノートパソコン	[11]
必胜客	Bìshèngkè	名ピザハット	[12]
毕业	bì//yè	動卒業する	[10]
扁豆	biǎndòu	名インゲン豆	[9]
遍	biàn	量〜回、動作（全過程）を数える [発]	[12]
便利店	biànlìdiàn	名コンビニエンスストア	[4]
表	biǎo	名時計	[2]
表扬	biǎoyáng	動表彰する、褒める	[11]
别	bié	副〜してはいけない	[11]
冰箱	bīngxiāng	名冷蔵庫	[2]
病	bìng	名病気	[6]
病人	bìngrén	名病人	[11]
菠菜	bōcài	名ホウレンソウ	[9]
菠萝	bōluó	名パイナップル	[9]
伯伯	bóbo	名伯父さん	[発]
博物馆	bówùguǎn	名博物館	[8]
不	bù	副〜ない。動作・行為を否定する[発]	[1]
		副〜ない。形容詞を否定する。	[2]
不常	bù cháng	副めったに〜しない	[5]
不错	búcuò	副よい、すばらしい、悪くない	[2]
不对	búduì	形正しくない	[発]
不好意思	bù hǎoyìsi	きまりが悪い	[6]
不太	bútài	副あまり〜ではない	[2]
不要	búyào	副〜してはいけない	[11]
不用	búyòng	副〜する必要はない [発]	[12]

C

猜	cāi	動推測する、当てる	[9]
才	cái	副やっと	[11]
菜	cài	名料理	[6]
菜单	càidān	名メニュー	[7]
菜系	càixì	名料理の系統	[12]
参加	cānjiā	動参加する	[3]
餐馆	cānguǎn	名レストラン	[5]
餐厅	cāntīng	名レストラン	[5]
操场	cāochǎng	名運動場	[9]
草莓	cǎoméi	名イチゴ	[9]
厕所	cèsuǒ	名トイレ	[4]
茶	chá	名お茶	[5]
茶杯	chábēi	名ティーカップ	[4]
茶色	chásè	名茶色	[5]
差	chà	動足りない	[2]
差不多	chàbuduō	形大体同じである	[6]
长	cháng	形長い	[4]
长城	Chángchéng（万里长城 Wàn Lǐ Chángchéng）	名万里の長城	[9]
长春	Chángchūn	名長春	[4]
常	cháng	副いつも、しょっちゅう	[5]
常常	chángcháng	副いつも、しょっちゅう	[5]
场	cháng	量〜回。風雨・病気・争い・災害などの回数を数える	[8]
唱	chàng	動歌う	[6]
唱歌	chàng//gē	動歌を歌う	[6]
超市	chāoshì	名スーパー	[4]
潮湿	cháoshī	形湿っぽい、じっとりする	[10]
炒饭	chǎofàn	名チャーハン	[7]
车	chē	名車 [発]	[8]
车票	chēpiào	名（汽车・电车・バスなどの）乗車券、切符	[5]

车站	chēzhàn	名 駅	［4］
衬衫	chènshān	名 ブラウス、ワイシャツ	［4］
成绩	chéngjì	名 成績	［4］
城市	chéngshì	名 都市	［10］
乘客	chéngkè	名 乗客	［8］
程度	chéngdù	名 程度	［2］
橙黄色	chénghuángsè	名 オレンジ色	［5］
橙汁	chéngzhī	名 オレンジジュース	［3］
吃	chī	動 食べる ［発］	［3］
吃饭	chī//fàn	動 食事をする	［8］
迟到	chídào	動 遅刻する	［発］
冲绳	Chōngshéng	名 沖縄	［4］
抽	chōu	動 たばこを吸う	［12］
抽烟	chōu//yān	動 タバコを吸う、喫煙する	［8］
出差	chū//chāi	動 出張する	［9］
出发	chūfā	動 出発する	［9］
出来	chū//lai	動 出て来る、（//chu//lai）方向補語になる	［10］
出门	chū//mén	動 外出する	［11］
出去	chū//qu	動 出て行く、（//chu//qu）方向補語になる	［10］
出租	chūzū	動 賃貸しする	［11］
出租（汽）车	chūzū（qì）chē	名 タクシー	［7］
初	chū	名 初め、最初	［9］
厨房	chúfáng	名 台所	［4］
除了	chúle	介 ～を除いて、～のほかに	［7］
穿	chuān	動 着る、履く ［発］	［7］
传真	chuánzhēn	名 ファクス	［7］
船	chuán	名 船 ［発］	［7］
窗	chuāng	名 窓	［発］
床	chuáng	名 ベッド	［発］
春节	Chūnjié	名 旧正月、春節、旧暦の1月1日	［2］
春天	chūntiān	名 春	［6］
词典	cídiǎn	名 辞書	［3］
磁（悬）浮（列车）	cí(xuán)fú(lièchē)	名 リニアモーターカー	［7］
次	cì	量 ～回、動作を数える ［発］	［5］
葱	cōng	名 ネギ	［9］
聪明	cōngming	形 賢い	［5］
从	cóng	介 ～から、起点を表す	［4］
从来	cónglái	副 これまでずっと	［5］
粗	cū	形 太い	［発］
错	cuò	～し間違える［結果補語として用いる］	［7］

D

打	dǎ	動（ある種の遊技やスポーツ、動作や行為を）する	［6］
		動（電話を）かける	［7］
		動 殴る	［11］
打车	dǎ//chē	動 タクシーを呼ぶ	［7］
打的	dǎ//dí	動 タクシーを呼ぶ	［7］
打工	dǎ//gōng	動 アルバイトをする	［6］
打扫	dǎsǎo	動 掃除する	［発］
打算	dǎsuan	動 ～するつもりだ［発］	［9］
打字	dǎ//zì	動 文字を入力する	［9］
大	dà	形 大きい	［2］
		形 年上である	［3］
大阪	Dàbǎn	名 大阪	［4］
大风	dàfēng	名 大風	［7］
大夫	dàifu	名 医者	［11］
大概	dàgài	副 おおかた	［3］
大哥	dàgē	名 長兄、いちばん上の兄	［8］
大后年	dàhòunián	名 明々後年	［2］

大后天	dàhòutiān	名 しあさって	[2]
大家	dàjiā	代 みんな	[発]
大连	Dàlián	名 大連	[4]
大前年	dàqiánnián	名 さきおととし	[2]
大前天	dàqiántiān	名 さきおととい	[2]
大蒜	dàsuàn	名 ニンニク	[発]
大学	dàxué	名 大学	[1]
大衣	dàyī	名 コート	[7]
带	dài	動 携帯する	[2]
		動 （人を）引き連れる	[5]
担心	dān//xīn	動 心配する	[11]
单位	dānwèi	名 単位	[3]
蛋糕	dàngāo	名 ケーキ	[11]
但	dàn	接 しかし	[10]
但是	dànshì	接 しかし	[5]
当	dāng	動 〜になる	[11]
导演	dǎoyǎn	名 監督	[11]
到	dào	副 まで	[発]
		動 到着する、行く	[4]
		動 来る	[6]
		達成・到達を表す［結果補語として用いる］	[7]
得	de	助 様態補語を導く	[8]
		助 可能を表す	[10]
得	děi	助動 〜しなければならない	[4]
得多	deduō	（〜に比べて）ずっと〜だ。形容詞の後に用いて、差が大きいことを表す。比較に用いる	[6]
德国	Déguó	名 ドイツ	[1]
德文	Déwén	名 ドイツ語	[8]
德语	Déyǔ	名 ドイツ語	[8]
德国人	Déguórén	名 ドイツ人	[3]
的	de	助 〜の、定語を作る	[発] [1]
		助 肯定の語気	[1]
		助 動作がすでに行われたことを表す	[5]
的话	dehuà	助 〜ならば	[9]
登山	dēng//shān	動 登山をする	[6]
等	děng	動 待つ	[6]
等于	děngyú	イコール	[8]
迪士尼乐园	Díshìní lèyuán	名 ディズニーランド	[9]
第	dì	頭 整数の前に用い順序を表す	[1]
地方	dìfang	名 ところ、場所	[9]
地名	dìmíng	名 地名	[4]
地铁	dìtiě	名 地下鉄	[7]
地图	dìtú	名 地図	[2]
地址	dìzhǐ	名 住所	[10]
弟弟	dìdi	名 弟	[3]
点	diǎn	量 （時間の単位、時点）〜時、時刻を表す	[2]
点心	diǎnxin	名 点心（お菓子、おやつ）	[10]
点钟	diǎnzhōng	量 （時間の単位）時	[2]
电车	diànchē	名 電車	[7]
电话	diànhuà	名 電話	[3]
电脑	diànnǎo	名 パソコン	[1]
电视	diànshì	名 テレビ	[4]
电视剧	diànshìjù	名 テレビドラマ	[12]
电影	diànyǐng	名 映画	[1]
电影院	diànyǐngyuàn	名 映画館	[5]
电子邮件	diànzǐ yóujiàn	名 電子メール	[7]
电子游戏	diànzǐ yóuxì	名 テレビゲーム	[5]
店	diàn	名 店	[5]
丢	diū	動 なくす	[発] [8]
东边	dōngbian	名 東、東の方	[4]
东京	Dōngjīng	名 東京	[4]
东面	dōngmian	名 東、東の方	[4]

东西	dōngxi	名 物、品物	[5]
冬瓜	dōngguā	名 トウガン	[9]
冬天	dōngtiān	名 冬	[6]
懂	dǒng	動 わかる	[7]
动车	dòngchē	名 高速列車(D)	[7]
动物园	dòngwùyuán	名 動物園	[9]
都	dōu	副 みな、全部、いずれも	[3]
兜风	dōu//fēng	動 ドライブをする	[6]
独生女	dúshēngnǚ	名 一人娘	[3]
独生子	dúshēngzǐ	名 一人息子	[3]
肚子	dùzi	名 腹	[発][4]
度	dù	量 (温度・メガネなど各種の)度	[6]
锻炼	duànliàn	動 鍛える	[9]
对	duì	形 合っている、正しい	[発]
		介 ～に(対して)、～について、動作の対象などを表す	[11]
对不起	duìbuqǐ	動 すみません	[発]
对了	duìle	(文頭に用い、相手または自分の注意を促す)そうだ	[3]
对面	duìmiàn	名 向かい、真正面	[4]
敦煌	Dūnhuáng	名 敦煌	[4]
顿	dùn	量 ～回、食事や叱責の回数を数える	[11]
多	duō	形 多い	[2]
		代 どれほど	[3]
多多	duōduō	形 とても多い	[1]
多了	duōle	(～に比べて)ずっと～だ。形容詞の後に用いて、差が大きいことを表す。比較に用いる	[6]
多么	duōme	副 なんと	[4]
多少	duōshao	代 どれほど、いくつ	[3]
哆啦A梦	Duōlā A mèng	名 ドラえもん	[12]

E

俄国	Éguó	名 ロシア	[1]
饿	è	形 空腹な	[6]
儿子	érzi	名 息子	[3]
二	èr	数 2	[発]
二胡	èrhú	名 二胡	[6]

F

发	fā	動 (手紙などを)出す	[7]
发烧	fā//shāo	動 熱が出る	[6]
发音	fāyīn	名 発音	[8]
法国	Fǎguó	名 フランス	[1]
法律系	fǎlǜ xì	名 法学部	[1]
法文	Fǎwén	名 フランス語	[8]
法语	Fǎyǔ	名 フランス語	[8]
翻译	fānyì	名 翻訳者、通訳者	[11]
饭店	fàndiàn	名 レストラン	[5]
饭馆	fànguǎn	名 レストラン	[5]
方便	fāngbiàn	形 便利である	[4]
方位词	fāngwèicí	名 方位詞	[4]
房间	fángjiān	名 部屋	[4]
房子	fángzi	名 家、家屋	[6]
放	fàng	動 置く	[7]
放假	fàng//jià	動 休みになる	[9]
放学	fàng//xué	動 下校する	[10]
飞机	fēijī	名 飛行機	[7]
非常	fēicháng	副 非常に	[発][2]
分	fēn	量 ～分。時刻・時間・点数の単位	[2]
		量 分、通貨単位。"元"の100分の1	[3]
分钟	fēnzhōng	量 分、分間	[4]
粉红色	fěnhóngsè	名 ピンク	[5]
份	fèn	量 ～人前(にんまえ)、組やそろいになったものに用いる	[7]
风景	fēngjǐng	名 風景	[4]
凤梨	fènglí	名 パイナップル	[9]
服务员	fúwùyuán	名 従業員、店員	[7]

中文	ピンイン	品詞・意味	課
副 / 付	fù	量 セットや組になっているものを数える	[5]
附近	fùjìn	名 付近、近く	[3]
父亲	fùqin	名 父	[3]
父母	fùmǔ	名 父母、両親	[3]
复习	fùxí	動 復習する	[5]

G

中文	ピンイン	品詞・意味	課
干杯	gān//bēi	動 乾杯する	[12]
感	gǎn	動 感じる、思う	[11]
感冒	gǎnmào	名 風邪	[6]
		動 風邪を引く	[6]
橄榄球	gǎnlǎnqiú	名 ラグビー	[6]
干	gàn	動 する、やる	[5]
刚	gāng	副 〜したばかりである	[9]
刚才	gāngcái	名 さっき	[10]
钢琴	gāngqín	名 ピアノ	[6]
高	gāo	形 高い	[4]
高尔夫(球)	gāo'ěrfū(qiú)	名 ゴルフ	[6]
高速动车	gāosù dòngchē	名 時速300キロ以上で走行する高速列車 (G)	[7]
高铁	gāotiě	名 高速鉄道	[6]
高兴	gāoxìng	形 うれしい	[2]
搞	gǎo	動 する、やる	[10]
告诉	gàosu	動 告げる、知らせる、教える	[8]
哥	gē	名 兄	[発]
哥哥	gēge	名 兄	[3]
个	ge	量 人や専用の量詞を用いないものを数える	[2]
个子	gèzi	名 背丈	[4]
给	gěi	介 〜に、のために。動 作の受け手や受益者を表す	[7]
跟	gēn	動 (先生に) ついて〜する	[発]
		介 〜と、〜に、動作の対象を表す	[6]
更	gèng	副 さらに、一層	[6]
工人	gōngrén	名 労働者	[11]
工学系	gōngxué xì	名 工学部	[1]
工作	gōngzuò	動 仕事をする	[4]
公安局	gōng'ānjú	名 公安局、警察署	[11]
公共汽车	gōnggòng qìchē	名 バス	[7]
公斤	gōngjīn	量 キログラム	[3]
公司	gōngsī	名 会社	[1]
公园	gōngyuán	名 公園	[2]
功课	gōngkè	名 授業、宿題、勉強	[5]
古典	gǔdiǎn	形 古典的な	[10]
故宫	Gùgōng	名 故宮博物院	[9]
刮	guā	動 (風が) 吹く	[7]
挂	guà	動 掛ける	[8]
关	guān	動 (店などを) 閉める	[3]
关系	guānxi	名 関係	[発]
关心	guān//xīn	動 関心を持つ	[12]
关照	guānzhào	動 面倒をみる、世話をする	[1]
广播	guǎngbō	名 放送	[9]
广东话	Guǎngdōnghuà	名 広東語	[8]
广州	Guǎngzhōu	名 広州	[4]
贵姓	guìxìng	〈敬〉お名前、ご芳名	[1]
桂林	Guìlín	名 桂林	[4]
国	guó	名 国	[12]
国际交流系	guójì jiāoliú xì	名 国際交流学部	[1]
国名	guómíng	名 国名	[1]
国庆节	Guóqìngjié	名 建国記念日、新暦の10月1日	[12]
国外	guówài	名 国外	[10]
过	guò	動 過ごす、過ぎる	[5]
过来	guò//lai	動 やって来る、(//guo//lai) 方向補語	

110

		になる [10]	
过奖	guòjiǎng	〈謙〉ほめすぎる、過分にほめる [7]	
过去	guò//qu	動向こうへ行く、過ぎ去る、(//guo//qu)方向補語になる [10]	
过	guo	助〜したことがある、過去の経験を表す [5]

H

还	hái	副まだ [4]
		副さらに、その上 [6]
		副また [9]
还是	háishi	接それとも [3]
		副やはり [10]
孩子	háizi	名子供 [3]
海南岛	Hǎinándǎo	名海南島 [4]
韩国	Hánguó	名韓国 [1]
韩国人	Hánguórén	名韓国人 [1]
韩文	Hánwén	名韓国語 [8]
韩语	Hányǔ	名韓国語 [発]
寒假	hánjià	名冬休み [9]
汉堡包	hànbǎobāo	名ハンバーガー [12]
汉语	Hànyǔ	名中国語 [発][2]
汉字	Hànzì	名漢字 [7]
杭州	Hángzhōu	名杭州 [4]
好	hǎo	形よい [発][1]
		完了などを表す[結果補語として用いる] [7]
好吃	hǎochī	形おいしい（食べ物） [2]
好的	hǎode	感（文頭に用い、同意などを表す）よろしい [3]
好好儿	hǎohāor	副十分に、しっかりと [4]
好喝	hǎohē	形おいしい（飲み物） [2]
好几	hǎojǐ	数いくつもの [6]
好久	hǎojiǔ	形（時間が）とても長い [発][2]
好看	hǎokàn	形美しい [2]
好朋友	hǎopéngyou	名親友 [1]
好听	hǎotīng	形（聞いて）美しい [8]
好像	hǎoxiàng	動まるで〜のようである [10]
号	hào	量〜日、(暦の)日 [3]
		量〜番。番号や順番を表す [8]
号码	hàomǎ	名番号 [3]
喝	hē	動飲む [発][3]
和	hé	接〜と〜、並列を表す [2]
贺词	hècí	名お祝いの言葉、祝辞 [3]
贺年片	hèniánpiàn	名年賀状 [10]
黑板	hēibǎn	名黒板 [10]
黑色	hēisè	名黒色 [5]
很	hěn	副とても [発][2]
横浜	Héngbīn	名横浜 [4]
红茶	hóngchá	名紅茶 [3]
红色	hóngsè	名赤色 [5]
后	hòu	名後 [2]
		名（時間的に）後（の） [3]
后边	hòubian	名後、後の方 [4]
后面	hòumian	名後、後の方 [4]
后年	hòunián	名再来年 [2]
后天	hòutiān	名あさって [2]
胡萝卜	húluóbo	名にんじん [7]
护士	hùshi	名看護師 [11]
护照	hùzhào	名パスポート [10]
花茶	huāchá	名花茶 [3]
花儿	huār	名花 [発]
华侨	huáqiáo	名華僑 [3]
滑	huá	動滑る [8]
滑冰	huá//bīng	動スケートをする [6]
滑雪	huá//xuě	動スキーをする [6]

话	huà	名 言葉、話 [7]
画	huà	動（絵を）描く [6]
画儿	huàr	名 絵 [発][6]
坏	huài	悪い結果が生じる、〜してだめになる［結果補語として用いる］ [11]
坏了	huàile	しまった [10]
换车	huàn//chē	動（汽車やバスを）乗り換える [9]
换钱	huàn//qián	動 両替する [6]
黄瓜	huánggua	名 キュウリ [9]
黄金周	Huángjīnzhōu	名 ゴールデンウイーク（日本では5月ですが、中国では国慶節〈10月1日〉から1週間の休暇期間を指す）[9]
黄色	huángsè	名 黄色 [5]
灰色	huīsè	名 灰色 [5]
回	huí	動 帰る [3]
回答	huídá	動 答える、回答する [7]
回来	huí//lai	動 戻って来る、（//hui//lai）方向補語になる [10]
回去	huí//qu	動 戻って行く、（//hui//qu）方向補語になる [10]
会	huì	助動（学習や訓練により）〜することができる [8]
活动	huódòng	名 活動 [11]
火车	huǒchē	名 列車(汽車) [7]

J

鸡	jī	名 鶏 [発]
机票	jīpiào	名 航空券 [5]
机场	jīchǎng	名 空港 [4]
鸡蛋	jīdàn	名（ニワトリの）卵 [2]
鸡肉	jīròu	名 鶏肉 [12]
激动	jīdòng	形 感激する [8]
极了	jíle	極めて、とても、実に [2]
急	jí	形 焦る、いらだつ [11]
几	jǐ	数 いくつ（10までの数を予想して〈月日・時刻などは例外〉尋ねるのに用いる）[2]
记得	jì//de	動 覚えている [10]
记者	jìzhě	名 記者 [11]
技术	jìshù	名 技術 [4]
既……又……	jì……yòu……	副 〜でもあり〜でもある [8]
寄	jì	動 郵送する [9]
加班	jiā//bān	動 残業をする [10]
加拿大	Jiānádà	名 カナダ [1]
家	jiā	名 家、家族 [1] 量 〜軒、店などを数える [5]
家里	jiāli	名 家 [5]
家人	jiārén	名 家族 [3]
家务	jiāwù	名 家事 [8]
价格	jiàgé	名 価格 [6]
间	jiān	量 部屋を数える [6]
见	jiàn	動 会う [発][2]
件	jiàn	量 〜着、〜件、上着類や用件などを数える [2]
将来	jiānglái	名 将来 [11]
讲	jiǎng	動 話す [7]
讲课	jiǎng//kè	動 授業をする [7]
酱	jiàng	名 みそ [発]
酱油	jiàngyóu	名 醤油 [2]
交	jiāo	動（人と）交わる、交際する、友達になる [8] 動 手渡す [10]
交际舞	jiāojìwǔ	名 社交ダンス [8]

交通	jiāotōng	名 交通	[7]
角	jiǎo	量 角、通貨単位。"元"の10分の1	[3]
饺子	jiǎozi	名 ギョウザ	[6]
叫	jiào	動 (姓名、名は)～という	[1]
		動 ～に～させる	[7]
		動 叫ぶ	[11]
		介 ～に～させる。受け身文で動作の実行者を表す	[11]
教	jiāo	動 教える	[8]
教科书	jiàokēshū	名 教科書	[3]
教师	jiàoshī	名 教師	[発]
教室	jiàoshì	名 教室	[発][3]
节	jié	量 ～コマ、授業を数える	[2]
节目	jiémù	名 番組	[10]
节日	jiérì	名 祝祭日	[9]
截止	jiézhǐ	動 締め切る	[10]
姐姐	jiějie	名 姉	[2]
姐妹	jiěmèi	名 姉妹	[3]
斤	jīn	量 斤、500グラム	[8]
今年	jīnnián	名 今年	[2]
今天	jīntiān	名 今日	[発][2]
金黄色	jīnhuángsè	名 黄金色	[5]
近	jìn	形 近い	[4]
进	jìn	動 入る、(//jin) 方向補語になる	[10]
进来	jìn//lai	動 入って来る、(//jin//lai) 方向補語になる	[10]
进去	jìn//qu	動 入って行く、(//jin//qu) 方向補語になる	[10]
精彩	jīngcǎi	形 (演技・文章などが)生き生きしている、精彩を放っている、すばらしい	[10]
经常	jīngcháng	副 いつも、よく	[5]
京都	Jīngdū	名 京都	[4]
经济	jīngjì	名 経済	[1]
经济系	jīngjì xì	名 経済学部	[1]
经理	jīnglǐ	名 支配人、経営者	[9]
经营系	jīngyíng xì	名 経営学部	[1]
警察	jǐngchá	名 警察	[11]
九	jiǔ	数 9	[発]
九寨沟	Jiǔzhàigōu	名 九寨溝	[4]
久等	jiǔděng	動 長い間待つ	[7]
酒	jiǔ	名 お酒	[発]
旧	jiù	形 古い	[6]
旧金山	Jiùjīnshān	名 サンフランシスコ	[4]
就	jiù	副 もう、すでに	[12]
		副 すぐに	[発][10]
		副 ～ならば～する	[9]
就要	jiùyào	接 まもなく、いますぐ。"……时候"など以外は、文末に"了"を伴う	[12]
桔子	júzi	名 ミカン	[9]
橘子	júzi	名 ミカン	[9]
举行	jǔxíng	動 挙行する	[3]
句	jù	量 ～言、言葉を数える	[8]
觉得	juéde	動 感じる、思う	[6]

K

咖啡	kāfēi	名 コーヒー	[2]
咖啡店	kāfēidiàn	名 喫茶店	[6]
卡拉OK	kǎlā OK	名 カラオケ	[6]
开	kāi	動 (店などを)開く	[3]
开车	kāi//chē	動 (車を)運転する	[7]
开始	kāishǐ	動 始まる、始める	[3]
开玩笑	kāi wánxiào	からかう、冗談を言う	[11]
看	kàn	動 見る、読む	[4]
看不懂	kànbudǒng	見てわからない、読	

見出し	ピンイン	品詞・意味
		んでわからない［10］
看得懂	kàndedǒng	見てわかる、読んでわかる［10］
考上	kǎo//shàng	動 試験に合格する、試験に受かる［7］
烤鸭	kǎoyā	名 ローストダック、アヒルの丸焼き［5］
科	kē	名 科［発］
可	kě	副 確かに、本当に、とても［2］
可……了	kě……le	副 すごく〜［2］
可爱	kě'ài	形 かわいい［6］
可乐	kělè	名 コーラ［3］
可以	kěyǐ	助動 〜することができる、〜してもよい［8］
渴	kě	形 のどが渇いている［6］
克	kè	量 グラム［3］
刻	kè	量 15分（間）［2］
客气	kèqi	形 丁寧である、遠慮深い［発］
客人	kèren	名 客［8］
课	kè	名 授業［発］［2］ 量（教科書の）課［1］
课本	kèběn	名 テキスト、教科書［2］
课文	kèwén	名 本文［1］
肯德基	Kěndéjī	名 ケンタッキー［12］
口	kǒu	量 家族を数える［3］
哭	kū	動 泣く［8］
裤子	kùzi	名 ズボン［2］
块	kuài	量 元、通貨単位。"元"と同じ［3］
快	kuài	形（速度が）速い［8］
快餐店	kuàicāndiàn	名 ファストフード店［5］
快乐	kuàilè	形 楽しい［3］
快要	kuàiyào	副（"快要……了"で）間もなく〜する［12］
筷子	kuàizi	名 箸［2］

L

見出し	ピンイン	品詞・意味
拉	lā	動（バイオリンなどを）弾く［6］
蜡笔小新	Làbǐ xiǎoXīn	名 クレヨンしんちゃん［12］
来	lái	他の動詞の前に用い、動作に取り組む積極的な姿勢を示す［1］ 動 来る［3］ 動（注文）〜をください［7］（人を促して）さあ［12］
来不及	láibují	動 間に合わない［10］
来得及	láidejí	動 間に合う［10］
蓝	lán	名 青色［7］
蓝色	lánsè	名 青色、ブルー［5］
篮球	lánqiú	名 バスケットボール［6］
老	lǎo	頭 目上に姓の前に用い親しみを表す［1］
老板	lǎobǎn	名 経営者、店主［1］
老公	lǎogōng	名 亭主、夫［3］
老家	lǎojiā	名 故郷、実家［4］
老朋友	lǎopéngyou	名 古くからの友人［1］
老婆	lǎopó	名 女房、妻［3］
老师	lǎoshī	名 先生、教師［発］［1］
姥姥	lǎolao	名（母方の）祖母［3］
姥爷	lǎoyé	名（母方の）祖父［3］
乐	lè	形 楽しい［発］
了	le	助 新しい状況の発生や状況の変化を表す［発］［6］ 助 〜してから〜する

		（完了のアスペクト、未来の時点での完了を表す	[9]
累	lèi	形疲れている	[6]
冷	lěng	形寒い	[6]
离	lí	介～から。～まで。基点を表す	[4]
离开	lí//kāi	動離れる	[12]
梨	lí	名ナシ	[9]
李	Lǐ	李。姓	[2]
礼拜二	lǐbài'èr	名火曜日	[3]
礼拜六	lǐbàiliù	名土曜日	[3]
礼拜三	lǐbàisān	名水曜日	[3]
礼拜四	lǐbàisì	名木曜日	[3]
礼拜天	lǐbàitiān	名日曜日	[3]
礼拜五	lǐbàiwǔ	名金曜日	[3]
礼拜一	lǐbàiyī	名月曜日	[3]
礼物	lǐwù	名贈り物	[12]
里	lǐ / li	名中、～の中	[2]
里边	lǐbian	名中、中の方	[4]
里面	lǐmian	名中、中の方	[4]
理想	lǐxiǎng	名理想	[11]
历史	lìshǐ	名歴史	[11]
联系	liánxì	動連絡する	[発]
		名連絡	[12]
练	liàn	動練習する	[6]
练习	liànxí	動練習する	[発][1]
凉快	liángkuai	形涼しい	[6]
两	liǎng	数2、後に量詞を伴うことができる	[2]
		量（重さの単位）両	[3]
辆	liàng	量～台。車を数える	[8]
聊天儿	liáo//tiānr	動世間話をする	[6]
零	líng	数0、とんで、空位を表す	[発]
铃	líng	名鈴、ベル	[発]
铃木	Língmù	鈴木。姓	[1]
凌晨	língchén	名早朝	[2]
刘	Liú	劉。姓	[5]
留学	liú//xué	動留学する	[6]
留学生	liúxuéshēng	名留学生	[1]
流	liú	動流れる	[発]
流利	liúlì	形流暢である	[11]
六	liù	数6	[発]
楼	lóu	名階、フロア	[4]
楼上	lóushàng	名階上	[6]
路上	lùshang	名道中	[4]
伦敦	Lúndūn	名ロンドン	[4]
罗森	Luósēn	名ローソン	[12]
萝卜	luóbo	名ダイコン	[9]
旅行	lǚxíng	名旅行	[7]
旅游	lǚyóu	動旅行をする	[6]
绿茶	lùchá	名緑茶	[3]
绿色	lùsè	名緑色	[5]

M

妈	mā	名母	[発]
妈妈	māma	名母さん、母	[3]
麻	má	名麻	[発]
麻烦	máfan	形煩わしい	[11]
马	mǎ	名馬	[発]
马来文	Mǎláiwén	名マレー語	[8]
马来西亚	Mǎláixīyà	名マレーシア	[1]
马来语	Mǎláiyǔ	名マレー語	[8]
玛丽	Mǎlì	マリー。人名	[9]
马马虎虎	mǎmǎhūhū	副まあまあ	[2]
马上	mǎshàng	副すぐに	[9]
骂	mà	動しかる	[発]
吗	ma	助疑問の語気を表す	[1]
		助話題を持ち出したり、聞き手の注意を促したりするときに用いる	[2]
买	mǎi	動買う	[5]
麦当劳	Màidāngláo	名マクドナルド	[12]
卖	mài	動売る	[6]
馒头	mántou	名マントー（中国の蒸

115

漫画	mànhuà	名	漫画	[6]
慢慢儿	mànmānr	副	ゆっくりと	[7]
慢走	mànzǒu	〈套〉	どうぞお気をつけて	[発]
芒果	mángguǒ	名	マンゴー	[9]
忙	máng	形	忙しい	[2]
猫	māo	名	猫	[2]
猫儿	māor	名	猫	[発]
毛	máo	量	角、通貨単位。"角"と同じ	[3]
毛巾	máojīn	名	タオル	[6]
毛衣	máoyī	名	セーター	[発][5]
贸易	màoyì	名	貿易	[発]
没(有)	méi(yǒu)	動	ない、いない、持っていない	[発][2]
		動	～ほど～でない	[6]
	méi(you)	副	～なかった。～していない	[5]
没事	méishì		なんでもない	[11]
没意思	méi yìsi	形	面白くない、つまらない	[11]
每天	měitiān	名	毎日	[4]
美国	Měiguó	名	アメリカ	[1]
美国人	Měiguórén	名	アメリカ人	[1]
美丽	měilì	形	美しい	[4]
妹妹	mèimei	名	妹	[3]
们	men	尾	～たち、複数を表す	[発]
谜语	míyǔ	名	なぞなぞ	[9]
猕猴桃	míhóutáo	名	キウイフルーツ	[9]
米	mǐ	量	メートル	[4]
米饭	mǐfàn	量	御飯、ライス	[3]
面包	miànbāo	名	パン	[2]
面条	miàntiáo	名	麺類	[7]
闽南话	Mǐnnánhuà	名	閩南語	[8]
名	míng	量	～名、ある身分・職業を持つ人を数える	[11]
名古屋	Mínggǔwū	名	名古屋	[4]
名胜古迹	míngshèng gǔjì	名	名所旧跡	[9]
名字	míngzi	名	名前	[1]
明年	míngnián	名	来年	[2]
明天	míngtiān	名	明日	[発][2]
明信片	míngxìnpiàn	名	ハガキ	[9]
母亲	mǔqin	名	母	[3]
摩托车	mótuōchē	名	バイク	[7]
蘑菇	mógu	名	キノコ	[9]
茉莉花茶	mòlìhuāchá	名	ジャスミン茶	[3]

N

拿	ná	動	持つ、取る	[7]
哪	nǎ	代	どの、どれ	[2]
哪儿	nǎr	代	〈口語〉どこ	[4]
哪个	nǎge	代	どの、どれ	[2]
哪里	nǎli	代	どこ	[4]
哪里哪里	nǎli nǎli		とんでもない	[発][6]
哪些	nǎxiē	代	どれ	[2]
那	nà	代	あの、その、あれ、それ	[2]
		接	それでは	[3]
那儿	nàr	代	〈口語〉そこ、あそこ	[4]
那个	nàge	代	あの、その、あれ、それ	[2]
那里	nàli	名	そこ、あそこ	[4]
那么	nàme	代	あのように、そのように	[6]
那(么)	nà(me)	接	それでは	[3]
那些	nàxiē	代	あれら(の)、それら(の)	[2]
纳豆	nàdòu	名	納豆	[7]
奶奶	nǎinai	名	(父方の)祖母	[3]
奈良	Nàiliáng	名	奈良	[4]
男孩(儿)	nánhái(r)	名	男の子	[5]
男朋友	nánpéngyou	名	ボーイフレンド	[1]
南边	nánbian	名	南、南の方	[4]

中文	ピンイン	品詞・意味	課
南瓜	nánguā	名 カボチャ	[9]
南京	Nánjīng	名 南京	[4]
南面	nánmian	名 南、南の方	[4]
呢	ne	助 疑問の語気を表す [1] 助（平叙文の文末に用い、動作や状態の継続を表す）"正、正在、着"などと併用することが多い [7] 助（平叙文の文末に用い、事実を相手に確認させる働きをする）やや誇張の語調を含む。"可、才、还"などの副詞と併用することが多い [7]	
内容	nèiróng	名 内容	[11]
能	néng	助動 ～することができる。～してもよい [発][8]	
你	nǐ	代 あなた [発][1]	
你好	nǐ hǎo	こんにちは [発][1]	
你看	nǐ kàn	ほら、ごらんなさい [2]	
你们	nǐmen	代 あなたたち [発][1]	
年	nián	名 年	[2]
年级	niánjí	名 学年	[1]
年纪	niánjì	名 年齢	[3]
年轻人	niánqīngrén	名 若者	[4]
念	niàn	動 音読する	[発][7]
您	nín	代 あなた、敬称	[発][1]
您好	nínhǎo	〈套〉こんにちは。"你好"の丁寧な表現 [発]	
牛	niú	名 牛	[発]
牛肉	niúròu	名 牛肉	[12]
纽约	Niǔyuē	名 ニューヨーク	[4]
农学系	nóngxué xì	名 農学部	[1]
弄	nòng	動 やる、する	[11]
努力	nǔlì	形 一生懸命である	[7]
暖和	nuǎnhuo	形 暖かい	[6]
女儿	nǚ'ér	名 娘	[3]
女孩(儿)	nǚhái(r)	名 女の子	[5]
女朋友	nǚpéngyou	名 ガールフレンド	[1]
女士	nǚshì	名 女史、～さん、女性に対する敬称	[1]

P

爬	pá	動 登る	[9]
排球	páiqiú	名 バレーボール	[6]
旁边	pángbiān	名 脇、隣、そば	[4]
螃蟹	pángxiè	名 蟹	[9]
跑	pǎo	動 走る	[6]
跑步	pǎo//bù	動 ジョギングをする	[6]
陪	péi	動 付き添う	[11]
朋友	péngyou	名 友達	[1]
批评	pīpíng	動 批判する、叱る	[11]
啤酒	píjiǔ	名 ビール	[3]
漂亮	piàoliang	形 美しい	[2]
便宜	piányi	形 安い	[6]
乒乓球	pīngpāngqiú	名 卓球	[6]
平时	píngshí	名 日頃、ふだん	[6]
苹果	píngguǒ	名 リンゴ	[6]
苹果汁	píngguǒ zhī	名 リンゴジュース	[3]
瓶	píng	量 ～本、瓶に入っているものを数える [発][2]	
婆婆	pópo	名 姑、夫の母	[発]
葡萄	pútao	名 ブドウ	[9]
普洱茶	pǔ'ěrchá	名 プーアル茶	[3]
普通话	pǔtōnghuà	名 共通語	[8]

Q

七	qī	数 七	[発]
妻子	qīzi	名 妻、女房	[3]
期间	qījiān	名 期間	[4]
骑	qí	動 （またがって）乗る	

			[7]
起床	qǐ//chuáng	動起床する	[4]
起来	qǐ//lai	動起きる、起き上がる、起床する。(//qi//lai) 方向補語になる	[10]
气功	qìgōng	名気功	[6]
气候	qìhòu	名気候	[10]
气温	qìwēn	名気温	[6]
汽车	qìchē	名自動車	[8]
千	qiān	数千(の位)	[発]
签名	qiān//míng	動署名する、サインする	[10]
前	qián	名前	[2]
		名(時間的に)前(の)	[3]
前辈	qiánbèi	名年長者、先輩	[8]
前边	qiánbian	名前、前の方	[4]
前面	qiánmian	名前、前の方	[4]
前年	qiánnián	名おととし	[2]
前天	qiántiān	名おととい	[2]
钱	qián	名お金	[発][3]
钱包	qiánbāo	名財布	[11]
强	qiáng	形強い	[発]
墙	qiáng	名壁	[8]
茄子	qiézi	名ナス(写真を撮るとき、笑顔にするための「チーズ」にあたる表現)	[8]
		名ナス	[9]
芹菜	qíncài	名セロリ	[9]
青岛	Qīngdǎo	名青島	[4]
青梗菜	qīnggěngcài	名チンゲンサイ	[9]
青椒	qīngjiāo	名ピーマン	[9]
青色	qīngsè	名青色	[5]
清楚	qīngchu	形はっきりしている	[7]
请	qǐng	動どうぞ(～してください)	[発][1]
		動人に～するよう頼む	[12]
		動招く	[12]
请客	qǐng//kè	動(食事などに)招待する、おごる	[12]
请问	qǐngwèn	動お尋ねします	[1]
秋天	qiūtiān	名秋	[6]
取	qǔ	動取る	[6]
去	qù	動行く	[3]
去年	qùnián	名去年	[2]
全聚德	Quánjùdé	名全聚徳(北京ダックの老舗)	[5]
裙子	qúnzi	名スカート	[9]

R

然后	ránhòu	接それから、その後	[9]
让	ràng	動～に～させる	[7]
		介～に～される。受け身文で動作の実行者を表す	[11]
热	rè	形暑い、熱い	[発][6]
热闹	rènao	形にぎやかである	[2]
人	rén	名人	[2]
人民币	rénmínbì	名人民元	[3]
人文社会系	rénwén shèhuì xì	名人文社会学部	[1]
认识	rènshi	動見知る、面識がある	[2]
认真	rènzhēn	形真面目である、真剣である	[2]
日本	Rìběn	名日本	[1]
日本酒	Rìběnjiǔ	名日本酒	[3]
日本人	Rìběnrén	名日本人	[1]
日餐	Rìcān	名日本料理	[12]
日文	Rìwén	名日本語	[8]
日语	Rìyǔ	名日本語	[8]
柔道	róudào	名柔道	[6]
如果	rúguǒ	接もし～ならば	[9]

S

三	sān	数 3	[発]
伞	sǎn	名 傘	[2]
散步	sàn//bù	動 散歩する	[6]
沙发	shāfā	名 ソファー	[7]
山	shān	名 山	[発][10]
商店	shāngdiàn	名 商店	[5]
上	shàng	動 登る	[発]
		名 時間的に前であることを表す	[3]
上班	shàng//bān	動 出勤する	[5]
上边	shàngbian	名 上、上の方	[4]
上个星期	shàng ge xīngqī	名 先週	[3]
上个月	shàng ge yuè	名 先月	[3]
上海	Shànghǎi	名 上海	[4]
上海话	Shànghǎihuà	名 上海語	[8]
上海人	Shànghǎirén	名 上海人	[8]
上课	shàng//kè	動 授業をする、授業に出る、授業が始まる	[10]
上来	shàng//lai	動 上がって来る、(// shang//lai) 方向補語になる	[10]
上去	shàng//qu	動 上がって行く、(// shang//qu) 方向補語になる	[10]
上面	shàngmian	名 上、上の方	[4]
上上	shàngshàng	名 前の前、先々	[3]
上网	shàng//wǎng	動 インターネットを使う	[6]
上午	shàngwǔ	名 午前	[2]
上学	shàng//xué	動 登校する、通学する	[4]
绍兴	Shàoxīng	名 紹興	[4]
绍兴酒	shàoxīngjiǔ	名 紹興酒	[3]
舌	shé	名 舌	[発]
舍不得	shěbude	離れがたい、別れるのが辛い	[12]
身体	shēntǐ	名 体	[9]
什么时候	shénme shíhou	いつ	[5]
深圳	Shēnzhèn	名 深圳	[4]
什么	shénme	代 何(の)、どんな	[1]
什么地方	shénme dìfang	どこ	[4]
神户	Shénhù	名 神戸	[4]
沈阳	Shěnyáng	名 瀋陽	[4]
生	shēng	動 生まれる	[4]
生词	shēngcí	名 新出単語	[1]
生病	shēng//bìng	動 病気になる	[6]
生气	shēng//qì	動 怒る	[7]
生日	shēngrì	名 誕生日	[3]
圣诞节	Shèngdànjié	名 クリスマス、新暦の12月25日	[9]
剩下	shèngxià	動 残る、余る。残す、余す	[11]
诗	shī	名 詩	[発]
十	shí	数 10	[発]
十分	shífēn	副 とても、十分に	[2]
十四	shísì	数 14	[発]
时候	shíhou	名 時	[9]
时间	shíjiān	名 時間	[2]
时刻	shíkè	名 時刻	[2]
食品	shípǐn	名 食品	[12]
食堂	shítáng	名 食堂	[5]
使	shǐ	介 ～を～させる	[7]
事(儿)	shì(r)	名 事、用事	[3]
柿子	shìzi	名 カキ	[9]
是	shì	動 ～である	[発][1]
是的	shìde	(肯定の返事)はい、そうです	[1]
适合	shìhé	動 (実際の状況や客観的な要求に) 適合する、ちょうど合う、ふさわしい	[5]
收拾	shōushi	動 片づける	[6]
手表	shǒubiǎo	名 腕時計	[発]
手段	shǒuduàn	名 手段	[7]
手机	shǒujī	名 携帯電話	[2]
首	shǒu	量 ～首、～曲、詩・歌などを数える	[10]

受	shòu	動耐える	[10]
受得了	shòudeliǎo	耐えられる	[10]
受不了	shòubuliǎo	耐えられない	[10]
书	shū	名本	[1]
书店	shūdiàn	名書店	[5]
书法	shūfǎ	名書道	[6]
书架	shūjià	名本棚	[10]
舒服	shūfu	形体調がいい	[4]
蔬菜	shūcài	名野菜	[9]
暑假	shǔjià	名夏休み	[9]
刷卡	shuā//kǎ	動（代金を）カードで支払う	[7]
刷牙	shuā//yá	動歯を磨く	[10]
帅	shuài	形粋である、りっぱである、センスがある	[8]
双	shuāng	量～組、～膳、～足、対をなすものを数える	[2]
谁	shuí/shéi〈口語〉	代誰	[2]
水果	shuǐguǒ	名果物	[9]
水饺	shuǐjiǎo	名水ギョーザ	[発][12]
水平	shuǐpíng	名水準、レベル	[9]
睡	shuì	動寝る	[6]
睡不着	shuìbuzháo	寝つけない	[10]
睡得着	shuìdezháo	寝られる	[10]
睡觉	shuì//jiào	動寝る	[発][6]
说	shuō	動言う、話す [発]	[5]
		動説教する、叱る	[12]
说不清楚	shuō bu qīngchu	はっきり言えない	[10]
说得清楚	shuō de qīngchu	はっきり言える	[10]
说话	shuō//huà	動話をする	[7]
司机	sījī	名運転手	[8]
四	sì	数四	[発]
四川	Sìchuān	名四川	[4]
四十	sìshí	数40	[発]
四十四	sìshisì	数44	[発]
送	sòng	動（人を）送る	[12]
苏	sū	動よみがえる、生き返る	[発]
苏州	Sūzhōu	名蘇州	[4]
宿舍	sùshè	名寄宿舎、寮	[8]
虽然	suīrán	接～ではあるが	[11]
岁	suì	量～歳、年齢を数える	[3]
岁数	suìshu	名年齢	[3]
孙子	sūnzi	名孫	[4]
所以	suǒyǐ	接だから、従って	[11]

T

他	tā	代彼	[1]
他们	tāmen	代彼ら	[1]
它	tā	代それ、あれ	[1]
它们	tāmen	代それら、あれら	[1]
她	tā	代彼女	[1]
她们	tāmen	代彼女たち	[1]
台	tái	量～台、機械などを数える	[2]
台湾	Táiwān	名台湾	[4]
太	tài	副あまりにも、非常に	[発][2]
太极拳	tàijíquán	名太極拳	[6]
弹	tán	動（ピアノやギターを）弾く	[6]
躺	tǎng	動横たわる	[6]
趟	tàng	量～回、往復する回数を数える	[5]
桃子	táozi	名モモ	[9]
特别	tèbié	副特に	[2]
疼	téng	形痛い	[4]
踢	tī	動蹴る	[6]
提高	tí//gao	動上げる、高める	[9]
天	tiān	名日	[2]
天安门	Tiān'ānmén	名天安門	[9]
天津	Tiānjīn	名天津	[4]
天气	tiānqì	名天気	[6]
天坛	Tiāntán	名天壇	[9]
条	tiáo	量～本、細長くてしな

		やかなものを数える [2]	
跳舞	tiàowǔ	名ダンス [4]	
	tiào//wǔ	動ダンスをする [6]	
听	tīng	動聞く [6]	
听不懂	tīngbudǒng	動聞いてわからない [10]	
听得懂	tīngdedǒng	動聞いてわかる [10]	
听懂	tīng//dǒng	動(聞いて)わかる [10]	
听说	tīng//shuō	動(人が言うのを)耳にする、聞くところによると～だそうだ [8]	
听写	tīngxiě	動書き取りをする [7]	
挺	tīng	副なかなか、とても [2]	
通知	tōngzhī	動通知する [8]	
同事	tóngshì	名同僚 [1]	
同屋	tóngwū	名ルームメート [9]	
同学	tóngxué	名同級生、学生、クラスメート [発][1]	
同意	tóngyì	動同意する [11]	
痛	tòng	形痛い [4]	
偷	tōu	動盗む [11]	
头	tóu	名頭 [4]	
头发	tóufa	名頭髪 [6]	
头疼	tóuténg	形頭が痛い [5]	
图书馆	túshūguǎn	名図書館 [3]	
土豆	tǔdòu	名ジャガイモ [9]	
兔子	tùzi	名うさぎ [発]	
托福	tuō//fú	お陰様で [11]	

W

外边	wàibian	名外、外の方 [4]	
外公	wàigōng	名(母方の)祖父 [3]	
外国	wàiguó	名外国 [8]	
外国人	wàiguórén	名外国人 [8]	
外来语	wàiláiyǔ	名外来語 [12]	
外面	wàimian	名外、外の方 [4]	
外婆	wàipó	名(母方の)祖母 [3]	
完	wán	動終わる (動詞の補語となり)～し終わる [発][7]	
玩(儿)	wán(r)	動遊ぶ [発][5]	
晚	wǎn	形(時間が)遅い [11]	
晚餐	wǎncān	名夕食、晩ご飯 [10]	
晚饭	wǎnfàn	名夕食、晩ご飯 [5]	
晚上	wǎnshang	名夜 [発][2]	
万	wàn	数万(の位) [発]	
王	Wáng	王。姓 [発][4]	
王府井	Wángfǔjǐng	名王府井(北京にある一つの繁華街) [9]	
网聊	wǎngliáo	動チャットをする [6]	
网球	wǎngqiú	名テニス [6]	
忘	wàng	動忘れる [12]	
忘不了	wàngbuliǎo	忘れられない、忘れることはない [12]	
忘得了	wàngdeliǎo	忘れられる [12]	
微信	wēixìn	名WeChat、中国IT企業テンセントが作った無料メッセンジャーアプリ [12]	
卫生间	wèishēngjiān	名バスルーム・トイレの総称 [4]	
为了	wèile	介～のために、～するために、行為の目的を表す [7]	
为什么	wèishénme	なぜ [11]	
位	wèi	量～人、～名、敬意を込めて人を数える [8]	
味道	wèidao	名味 [6]	
胃口	wèikǒu	名食欲 [11]	
文学	wénxué	名文学 [10]	
文学系	wénxué xì	名文学部 [1]	
问	wèn	動尋ねる [8]	

问题	wèntí	名	問題	[7]
我	wǒ	代	私	[発][1]
我们	wǒmen	代	私たち	[1]
乌龙茶	wūlóngchá	名	ウーロン茶	[2]
屋子	wūzi	名	部屋	[6]
五	wǔ	数	5	[発]
午餐	wǔcān	名	昼食、昼ご飯	[10]
午饭	wǔfàn	名	昼食、昼ご飯	[5]
舞会	wǔhuì	名	ダンスパーティー	[発]
物理	wùlǐ	名	物理	[11]
误会	wùhuì	動	誤解する	[発]

X

西	xī	名	西	[発]
西安	Xī'ān	名	西安	[4]
西边	xībian	名	西、西の方	[4]
西餐	xīcān	名	西洋料理	[12]
西瓜	xīguā	名	スイカ	[5]
西红柿	xīhóngshì	名	トマト	[8]
西面	xīmian	名	西、西の方	[4]
希望	xīwàng	動	希望する	[10]
习惯	xíguàn	動	慣れる	[10]
洗	xǐ	動	洗う	[7]
洗脸	xǐ//liǎn	動	顔を洗う	[10]
洗手间	xǐshǒujiān	名	トイレ、手洗い	[4]
洗澡	xǐ//zǎo	動	入浴する	[6]
喜欢	xǐhuan	動	好む、好きである	[6]
系	xì	名	学部、学科	[1]
下	xià	名	時間的に後であることを表す	[3]
		動	(雨などが)降る	[8]
下班	xià//bān	動	退勤する	[10]
下边	xiàbian	名	下、下の方	[4]
下个星期	xià ge xīngqī	名	来週	[3]
下个月	xià ge yuè	名	来月	[3]
下课	xià//kè	動	授業が終わる	[9]
下来	xià//lai	動	下りて来る、(//xia//lai)方向補語になる	[10]
下去	xià//qu	動	下りて行く、(//xia//qu)方向補語になる	[10]
下面	xiàmian	名	下、下の方	[4]
下棋	xià//qí	動	将棋を指す(囲碁を打つなど)	[6]
下午	xiàwǔ	名	午後	[2]
下下	xiàxià	名	次の次、翌々	[3]
下星期	xiàxīngqī	名	来週	[発]
下星期天	xiàxīngqītiān	名	来週の日曜日	[3]
夏天	xiàtiān	名	夏	[6]
夏威夷	Xiàwēiyí	名	ハワイ	[7]
先	xiān	副	先に	[発][9]
先生	xiānsheng	名	～さん、男性に対する敬称	[1]
		名	人の夫、自分の夫に対する称	[3]
咸	xián	形	塩辛い	[6]
现在	xiànzài	名	今、現在	[2]
相扑	xiāngpū	名	相撲	[6]
相信	xiāngxìn	動	信じる	[11]
香	xiāng	形	香りがよい	[発]
香港	Xiānggǎng	名	香港	[4]
香菇	xiānggū	名	シイタケ	[9]
香蕉	xiāngjiāo	名	バナナ	[9]
想	xiǎng	動	～したい	[発][9]
消息	xiāoxi	名	ニュース、情報	[8]
小	xiǎo	頭	目下や同輩の姓の前に用い親しみを表す	[1]
		形	小さい	[6]
		形	年下である	[8]
小孩儿	xiǎoháir	名	子供	[5]
小姐	xiǎojie	名	～さん、若い女性に対する敬称	[1]
小卖部	xiǎomàibù	名	売店	[5]
小时	xiǎoshí	名	～時間、時間の単位

小说	xiǎoshuō	名 小説	[5]
小提琴	xiǎotíqín	名 バイオリン	[6]
小偷	xiǎotōu	名 どろぼう	[11]
校车	xiàochē	名 スクールバス	[7]
鞋	xié	名 靴	[2]
写	xiě	動 書く	[6]
谢谢	xièxie	動 ありがとう	[発][2]
辛苦	xīnkǔ	動 苦労をかける	[発]
新	xīn	形 新しい	[5]
新干线	xīngànxiàn	名 新幹線	[6]
新加坡	Xīnjiāpō	名 シンガポール	[1]
新闻	xīnwén	名 ニュース	[6]
信	xìn	名 手紙	[7]
星巴克	Xīngbākè	名 スターバックス	[12]
星期	xīngqī	名 週、週間	[3]
星期二	xīngqī'èr	名 火曜日	[3]
星期六	xīngqīliù	名 土曜日	[3]
星期日	xīngqīrì	名 日曜日	[3]
星期三	xīngqīsān	名 水曜日	[3]
星期四	xīngqīsì	名 木曜日	[3]
星期天	xīngqītiān	名 日曜日	[3]
星期五	xīngqīwǔ	名 金曜日	[3]
星期一	xīngqīyī	名 月曜日	[3]
行	xíng	動 よろしい、大丈夫である	[8]
行李	xíngli	名 (旅行の)荷物	[9]
兴奋	xīngfèn	形 興奮する	[8]
兴趣	xìngqù	名 興味	[6]
杏	xìng	名 アンズ	[発]
幸福	xìngfú	形 幸福である	[11]
姓	xìng	動 姓は~という	[1]
兄弟	xiōngdì	名 兄弟	[3]
熊猫	xióngmāo	名 パンダ	[9]
休息	xiūxi	動 休む、休憩する	[6]
修养	xiūyǎng	名 教養	[10]
学	xué	動 勉強する	[4]
学生	xuésheng	名 学生	[発][1]
学习	xuéxí	動 勉強する、学ぶ	[4]
学校	xuéxiào	名 学校	[1]
雪	xuě	名 雪	[12]
雪碧	Xuěbì	名 スプライト	[3]

Y

鸭肉	yāròu	名 アヒルの肉	[12]
研究	yánjiū	動 検討する、研究する	[6]
颜色	yánsè	名 色	[5]
眼	yǎn	名 目	[発]
眼镜	yǎnjìng	名 メガネ	[5]
眼睛	yǎnjing	名 目	[7]
演员	yǎnyuán	名 俳優	[11]
宴会	yànhuì	名 宴会	[3]
洋白菜	yángbáicài	名 キャベツ	[9]
洋葱	yángcōng	名 タマネギ	[9]
痒	yǎng	形 痒い	[発]
样子	yàngzi	名 デザイン	[4]
药	yào	名 薬	[6]
要	yào	動 要る [発][4] 助動 ~しなければならない [4] 助動 (意志)~したい [11]
要是	yàoshi	接 もし~ならば	[9]
爷爷	yéye	名 (父方の)祖父	[3]
也	yě	副 ~もまた	[1]
夜里	yèli	名 夜	[8]
一	yī	数 1	[発]
一百	yìbǎi	数 100	[発]
一边	yìbiān	副 ("一边……一边……"で)~しながら~する	[6]
一点儿	yìdiǎnr	少しも(~でない)。多く"也"や"都"で受けて、その後に否定形を置く。"一"は省略できない [2] 数量 ちょっと(分量) [6]
一定	yídìng	副 きっと、必ず	[3]

中文	ピンイン	品詞	意味	課
一共	yígòng	副	合わせて	[3]
一会儿	yíhuìr	数量	ちょっと（時間）	[6]
一起	yìqǐ	副	一緒に	[3]
一下	yíxià	数量	ちょっと（動作）	[1]
一样	yíyàng	形	同じである	[6]
一直	yìzhí	副	ずっと	[12]
衣服	yīfu	名	服	[2]
医生	yīshēng	名	医者	[11]
医学系	yīxué xì	名	医学部	[1]
医院	yīyuàn	名	病院	[4]
颐和园	Yíhéyuán	名	頤和園	[9]
已经	yǐjīng	副	すでに、もう	[4]
以后	yǐhòu	名	以後	[1]
以前	yǐqián	名	以前	[5]
以外	yǐwài	名	～の外、～以上	[7]
椅子	yǐzi	名	いす	[2]
亿	yì	数	億（の位）	[発]
意大利	Yìdàlì	名	イタリア	[1]
意大利面	yìdàlìmiàn	名	スパゲッティ	[12]
意大利文	Yìdàlìwén	名	イタリア語	[8]
意大利语	Yìdàlìyǔ	名	イタリア語	[8]
因为	yīnwei	接	～なので、なぜなら～であるから	[11]
音乐	yīnyuè	名	音楽	[6]
银行	yínháng	名	銀行	[3]
银色	yínsè	名	銀色	[5]
饮料	yǐnliào	名	飲料、飲み物	[3]
印度	Yìndù	名	インド	[1]
印度尼西亚	Yìndùníxīyà	名	インドネシア	[1]
印度尼西亚文	Yìndùníxīyàwén	名	インドネシア語	[8]
印度尼西亚语	Yìndùníxīyàyǔ	名	インドネシア語	[8]
应该	yīnggāi	助動	～すべきである	[9]
英国	Yīngguó	名	イギリス	[1]
英美系	Yīng-Měi xì	名	英米学部	[1]
英文	Yīngwén	名	英語	[5]
英语	Yīngyǔ	名	英語	[7]
樱花	yīnghuā	名	桜	[2]
樱花树	yīnghuāshù	名	桜の木	[8]
樱桃小丸子	Yīngtáo xiǎo wánzi	名	ちびまる子ちゃん	[12]
用	yòng	動	用いる	[9]
用语	yòngyǔ	名	用語	[2]
优衣库	Yōuyīkù	名	ユニクロ	[12]
邮局	yóujú	名	郵便局	[3]
油腻	yóunì	形	脂っこい	[11]
游	yóu	動	泳ぐ	[8]
游览	yóulǎn	動	遊覧する	[9]
游乐园	yóulèyuán	名	遊園地	[5]
游泳	yóuyǒng	名	水泳	[4]
	yóu//yǒng	動	泳ぐ	[6]
有	yǒu	動	持っている、所有を表す。～がある、いる、存在を表す	[2]
有点儿	yǒudiǎnr	副	（望ましくないことについて）少し	[6]
有空	yǒukòng	動	時間がある、暇がある	[3]
有意思	yǒu yìsi		面白い	[5]
又	yòu	副	また、その上	[12]
右边	yòubian	名	右、右の方	[4]
右面	yòumian	名	右、右の方	[4]
鱼	yú	名	魚	[12]
愉快	yúkuài	形	愉快である	[1]
瑜伽	yújiā	名	ヨガ	[6]
羽毛球	yǔmáoqiú	名	バドミントン	[6]
雨	yǔ	名	雨	[8]
语法	yǔfǎ	名	文法	[1]
语言	yǔyán	名	言語、言葉	[8]
元	yuán	量	元、通貨単位	[3]
元旦	Yuándàn	名	元旦、元日、新暦の1月1日	[9]
原来	yuánlái	副	なんと～であった	

圆白菜	yuánbáicài	名 キャベツ [9]
远	yuǎn	形 遠い [4]
院子	yuànzi	名 庭 [8]
月	yuè	名 (暦の) 月 [3]
月底	yuèdǐ	名 月末 [9]
阅读	yuèdú	動 読解する、閲読する [10]
越	yuè	副 ("越来越……"で) ますます〜になる。("越……越……"で) 〜であればあるほどますます〜である [6]
越南	Yuènán	名 ベトナム [1]
越南文	Yuènánwén	名 ベトナム語 [8]
越南语	Yuènányǔ	名 ベトナム語 [8]
运动	yùndòng	名 運動 [6]

Z

杂技	zájì	名 雑技 [発]
杂志	zázhì	名 雑誌 [発][1]
再	zài	副 また、もう一度 [発][12]; 副 それから [9]; 副 さらに、もっと [12]
再见	zàijiàn	動 さようなら [発]
在	zài	動 ある、いる、所在を表す [4]; 介 〜で、〜に (場所・時間・範囲を導く)[4]; 副 〜している、動作の進行や状態の持続を表す [7]
咱们	zánmen	代 (聞き手も含む) 私たち [1]
早	zǎo	形 (時間が) 早い [発]
早餐	zǎocān	名 朝食、朝ご飯 [10]
早饭	zǎofàn	名 朝食、朝ご飯 [5]
早上	zǎoshang	名 朝 [発][2]
怎么	zěnme	代 どのように、どうですか [7]; 代 なぜ [11]
怎么样	zěnmeyàng	代 どのような、どのように、どうですか [2]
站	zhàn	動 立つ [7]
站台	zhàntái	名 プラットホーム [8]
张	zhāng	量 〜枚、平たいものや平面を持つものを数える [2]
章鱼小丸子	Zhāngyú xiǎo wánzi	名 たこ焼き [12]
长	zhǎng	動 成長する [4]
找	zhǎo	動 探す、捜す [7]
照顾	zhàogù	動 世話をする [12]
照片	zhàopiàn	名 写真 [10]
照相	zhào//xiàng	動 写真を撮る [8]
这	zhè	代 この、これ [発][2]
这儿	zhèr	代 〈口語〉ここ [発][4]
这个	zhège	代 この、これ [2]
这个星期	zhège xīngqī	名 今週 [3]
这个月	zhège yuè	名 今月 [3]
这里	zhèli	名 ここ [4]
这么	zhème	代 このように [6]
这些	zhèxiē	代 これら (の) [2]
这样	zhèyàng	代 このような、このように、こういうふうにする [11]
着	zhe	助 〜している、動作・状態の持続を表す [7]
真	zhēn	副 本当に、実に [3]
整理	zhěnglǐ	動 整理する [9]
正在	zhèngzài	副 〜している、動作の進行や状態の持続を表す [7]
只	zhī	量 〜匹、小動物や、対の片方を数える [2]
枝/支	zhī	量 〜本、花 (枝単位) や細い棒状のものを数える [3]

中国語	ピンイン	品詞	日本語	課
只	zhǐ	副	ただ～するだけである	[4]
只要	zhǐyào	接	～しさえすれば	[11]
汁	zhī	名	ジュース、汁、液	[5]
知	zhī	動	知る	[発]
知道	zhīdao	動	知っている	[発][8]
职业	zhíyè	名	職業	[11]
钟	zhōng	名	時間を表す	[2]
中餐	Zhōngcān	名	中華料理	[12]
中国	Zhōngguó	名	中国	[1]
中国菜	Zhōngguócài	名	中華料理	[2]
中国人	Zhōngguórén	名	中国人	[1]
中文	Zhōngwén	名	中国語	[1]
中午	zhōngwǔ	名	お昼	[2]
种	zhǒng	量	種類を数える	[6]
种	zhòng	動	植える	[8]
种类	zhǒnglèi	名	種類	[5]
重量	zhòngliàng	名	重量	[3]
重要	zhòngyào	形	重要である	[11]
周二	zhōu'èr	名	火曜日	[3]
周六	zhōuliù	名	土曜日	[3]
周末	zhōumò	名	週末	[1]
周日	zhōurì	名	日曜日	[3]
周三	zhōusān	名	水曜日	[3]
周四	zhōusì	名	木曜日	[3]
周五	zhōuwǔ	名	金曜日	[3]
周一	zhōuyī	名	月曜日	[3]
猪肉	zhūròu	名	豚肉	[12]
住	zhù	動	住む	[4]
祝	zhù	動	祈る、願う	[1]
专业	zhuānyè	名	専攻	[1]
准备	zhǔnbèi	動	～するつもりだ	[9]
桌子	zhuōzi	名	テーブル、机	[4]
紫色	zǐsè	名	紫色	[5]
自行车	zìxíngchē	名	自転車	[7]
自我介绍	zìwǒ jièshào	動	自己紹介	[1]
字	zì	名	字	[発]
总是	zǒngshì	副	いつも	[4]
走	zǒu	動	歩く／行く、離れる、去る[結果補語として用いる]	[発][3]／[11]
租	zū	動	賃借りをする	[発]
足球	zúqiú	名	サッカー	[6]
最	zuì	副	最も	[2]
最后	zuìhòu	名	最後	[9]
最近	zuìjìn	名	最近、近ごろ	[2]
昨天	zuótiān	名	昨日	[2]
左边	zuǒbian	名	左、左の方	[4]
左面	zuǒmian	名	左、左の方	[4]
左右	zuǒyòu	名	左右、～前後、～くらい	[4]
作息	zuòxī	動	仕事と休み	[10]
作业	zuòyè	名	宿題	[7]
坐	zuò	動	座る／(乗り物に)乗る	[発][7]／[7]
座	zuò	量	山や建造物などを数える	[10]
做	zuò	動	する、やる／作る	[5]／[10]
做不好	zuòbuhǎo		うまくやれない、うまく作れない	[10]
做得好	zuòdehǎo		うまくやれる、うまく作れる	[10]
做菜	zuò//cài	動	料理を作る	[10]
做饭	zuò//fàn	動	ご飯を作る	[10]
做梦	zuò//mèng	動	夢を見る	[6]

品詞等の略号・記号

名	名詞	代	代詞	数	数詞	量	量詞
動	動詞	助動	助動詞	形	形容詞	介	介詞
副	副詞	接	接続詞	助	助詞	感	感動詞
数量	数量詞	頭	接頭辞	尾	接尾辞		
//	他の成分が挿入されるところに付す						

fùlù 附录(付録)

1. liàngcí 量词(量詞) ⊙2-34

量詞-1	名詞		
bǎ 把 (〜本、〜丁、〜脚、柄や握りのあるものを数える)	chā 叉（フォーク） jí tā 吉他（ギター） xiǎotíqín 小提琴（バイオリン）	cháhú 茶壶（急須） sǎn 伞（傘） yàoshi 钥匙（鍵）	dāo 刀（ナイフ） shànzi 扇子（扇子） yǐzi 椅子（椅子）
bēi 杯 (〜杯、カップに入ったものを数える)	báijiǔ 白酒（パイチュウ〈中国の無色透明な蒸留酒〉） báipútaojiǔ 白葡萄酒（白ワイン） píjiǔ 啤酒（ビール） chá 茶（お茶） niúnǎi 牛奶（牛乳）	hóngpútaojiǔ 红葡萄酒（赤ワイン） Rìběn jiǔ 日本酒（日本酒） guǒzhī 果汁（ジュース） shuǐ 水（水）	shàoxīngjiǔ 绍兴酒（紹興酒） kāfēi 咖啡（コーヒー） suānnǎi 酸奶（ヨーグルト）
běn 本 (〜冊、書籍類を数える)	bǐjìběn 笔记本（ノート） cídiǎn 辞典（辞書） xiàngcè 相册（アルバム）	běnzi 本子（ノート） kèběn 课本（テキスト） xiǎoshuō 小说（小説）	cídiǎn 词典（辞書） shū 书（本） zázhì 杂志（雑誌）
bù 部 (〜冊、〜本、書籍や映画を数える)	diànyǐng 电影（映画）	zuòpǐn 作品（作品）	
cháng 场 (〜回、風雨・病気・争い・災害などの回数を数える)	bìng 病（病気）	yǔ 雨（雨）	

量詞-2	名詞		
chǎng **场** （〜回、映画・演劇・試合・試験などの回数を数える）	bǐsài 比赛（試合）	diànyǐng 电影（映画）	kǎoshì 考试（試験）
duì **对** （〜対、〜組、二つで一組になっているものを数える）	huāpíng 花瓶（花瓶）	shuāngbāotāi 双胞胎（双子）	
dùn **顿** （〜回、食事や叱責の回数を数える）	fàn 饭（ご飯）		
fèn **份** （〜部、〜食、新聞や書類、組やそろいになったものを数える）	bàozhǐ 报纸（新聞）	shēngjiān 生煎（焼ショーロンポー）	
fēng **封** （〜通、封書などを数える）	xìn 信（手紙）		
ge **个** （人や専用の量詞を用いないものを数える）	bāo 包（カバン） mántou 馒头（マントー） shǒujī 手机（携帯電話） péngyou 朋友（友達） píngguǒ 苹果（リンゴ）	diàndēng 电灯（電灯） miànbāo 面包（パン） wèntí 问题（問題） jiějie 姐姐（姉） wǎn 碗（茶碗）	diànzǐ cídiǎn 电子词典（電子辞書） qiánbāo 钱包（財布） zhōng 钟（時計） rén 人（人）
gēn **根** （〜本、細長くて短い物を数える）	huánggua 黄瓜（キュウリ）	mùtou 木头（木、丸太）	
hé **盒** （〜箱、小箱入りのものを数える）	diǎnxin 点心（点心）	xiāngyān 香烟（タバコ）	

量詞-3	名詞
jiā 家 (〜軒、店などを数える)	bǎihuò shāngdiàn　　　　biànlìdiàn 百货 商店（デパート）　便利店（コンビニエンスストア） chāoshì　　　　gōngsī　　　　shāngdiàn 超市（スーパー）　公司（会社）　商店（商店） fàndiàn / fànguǎn / cānguǎn / cāntīng 饭店 / 饭馆 / 餐馆 / 餐厅（レストラン）
jià 架 (〜台、機械などを数える)	fēijī　　　　jīqì 飞机（飛行機）　机器（機械）
jiàn 件 (〜着、〜件、上着類や用件などを数える)	yīfu　　　　chènshān　　　　dàyī 衣服（服）　衬衫（ワイシャツ、ブラウス）　大衣（コート） máoyī　　　　qípáo　　　　wàitào 毛衣（セーター）　旗袍（チャイナドレス）　外套（オーバー） lǐwù　　　　shì　　　　xíngli 礼物（プレゼント）　事（事）　行李（荷物）
jié 节 (〜コマ、授業を数える)	kè 课（授業）
jù 句 (〜言、言葉を数える)	jùzi 句子（文）
kē 棵 (〜本、木や草を数える)	cǎo　　　　shù 草（草）　树（木、樹木）
kǒu 口 (家族を数える)	rén 人（人）
kuài 块 (塊状のものを数える)	dàngāo　　　　ròu　　　　xiàngpí 蛋糕（ケーキ）　肉（肉）　橡皮（消しゴム） féizào　　　　shítou　　　　shǒubiǎo 肥皂（石鹸）　石头（石）　手表（腕時計）

量詞-4	名詞
liàng 辆 (〜台、車を数える)	kǎchē 卡车 (トラック) qìchē 汽车 (自動車) zìxíngchē 自行车 (自転車)
miàn 面 (〜枚、旗など平たいものを数える)	jìngzi 镜子 (鏡) qízhì 旗帜 (旗)
pǐ 匹 (〜匹、馬などを数える)	mǎ 马 (馬)
piān 篇 (〜編、文章などを数える)	zuòwén 作文 (作文) wénzhāng 文章 (文章)
píng 瓶 (〜本、瓶に入っているものを数える)	hóngchá 红茶 (紅茶) lùchá 绿茶 (緑茶) wūlóngchá 乌龙茶 (ウーロン) jiǔ 酒 (酒) kělè 可乐 (コーラ) yào 药 (薬)
shǒu 首 (〜首、〜曲、詩・歌などを数える)	gē 歌 (歌) shī 诗 (詩)
shù 束 (〜束、束になったものを数える)	huā 花 (花)
shuāng 双 (〜組、〜膳、〜足、対をなすものを数える)	ěrduo 耳朵 (耳) jiǎo 脚 (足) shǒu 手 (手) yǎnjing 眼睛 (目) kuàizi 筷子 (箸) shǒutào 手套 (手袋) wàzi 袜子 (靴下) xié(zi) 鞋(子) (靴) xuēzi 靴子 (ブーツ)

量詞-5	名詞
suǒ 所 (学校や病院を数える)	xuéxiào　　　　　　yīyuàn 学校（学校）　　医院（病院）
tái 台 (〜台、機械などを数える)	bǐjìběn diànnǎo　　　　　　　　diànnǎo 笔记本 电脑（ノートパソコン）　　电脑（パソコン） bīngxiāng　　　diànhuà　　　　diànshàn 冰箱（冷蔵庫）　电话（電話）　电扇（扇風機） diànshì　　　　yèjīng diànshì 电视（テレビ）　液晶 电视（液晶テレビ） kōngtiáo　　　　wēibōlú　　　　　xǐyījī 空调（エアコン）微波炉（電子レンジ）洗衣机（洗濯機） zhàoxiàngjī　　　　shùmǎ xiàngjī 照相机（カメラ）　数码 相机（デジタルカメラ）
tiáo 条 (〜本、細長くてしなやかなものを数える)	dàolù　　　　　hé　　　　　jiē 道路（道路）　河（川）　街（大通り） xiāngyān　　　　　　　　　　gǒu 香烟（タバコ〈カートン〉）　　狗（犬） yú　　　　kùzi　　　　　qúnzi 鱼（魚）　裤子（ズボン）　裙子（スカート） máojīn　　　　wéijīn　　　　xiàngliàn 毛巾（タオル）围巾（マフラー）项链（ネックレス） lǐngdài　　　　pídài　　　　yāodài 领带（ネクタイ）皮带（ベルト）腰带（ベルト、帯）
tóu 头 (〜頭、家畜などを数える)	niú 牛（牛）
wǎn 碗 (〜碗、碗に入っているものを数える)	chǎofàn　　　　（mǐ）fàn　　　diǎnxin 炒饭（チャーハン）（米）饭（ご飯）点心（点心） lāmiàn　　　　miàntiáo　　　tāng 拉面（ラーメン）面条（めん類）汤（スープ）

量詞-6	名詞
wèi 位 (〜人、〜名、敬意を込めて人を数える)	kèren 客人 (お客)　　lǎoshī 老师 (先生、教師)　　yīshēng 医生 (医者) nǚshì 女士 (様〈既婚の女性、または女性に対する一般的な敬称〉) xiǎojie 小姐 (様〈未婚の女性〉)　　xiānsheng 先生 (様〈男性に対する敬称〉)
zhāng 张 (〜枚、平たいものや平面を持つものを数える)	bàozhǐ 报纸 (新聞)　　dìtú 地图 (地図)　　huàr 画儿 (絵) míngxìnpiàn 明信片 (はがき)　　zhàopiàn 照片 (写真)　　zhǐ 纸 (紙) chēpiào 车票 (乗車券)　　diànyǐngpiào 电影票 (映画切符)　　jīpiào 机票 (航空券) yóupiào 邮票 (切手)　　chuáng 床 (ベッド)　　zhuōzi 桌子 (テーブル)
zhī 只 (〜匹、小動物や、対の片方を数える)	gǒu 狗 (犬)　　jī 鸡 (鶏)　　māo 猫 (猫) niǎo 鸟 (鳥)　　xióngmāo 熊猫 (パンダ)　　yā 鸭 (アヒル) shǒu 手 (手〈片方〉)
zhī　zhī 枝 / 支 (〜本、花〈枝単位〉や細い棒状のものを数える)	bǐ 笔 (ペン、筆記具)　　fěnbǐ 粉笔 (チョーク)　　gāngbǐ 钢笔 (万年筆) máobǐ 毛笔 (毛筆)　　qiānbǐ 铅笔 (鉛筆)　　yuánzhūbǐ 圆珠笔 (ボールペン) huā 花 (花)　　làzhú 蜡烛 (ろうそく)　　kǒuhóng 口红 (口紅) xiāngyān 香烟 (タバコ〈本〉)

2. 中国的节日 (中国の祝日) 〇2-35

A すべての中国公民が休日となる祝日	Yuándàn 元旦	（元旦、新暦の1月1日）
	Chúxī 除夕	（除夜、旧暦の12月29日あるいは30日）
	Chūnjié 春节	（旧正月、春節、旧暦の1月1日）
	Qīngmíngjié 清明节	（清明節、新暦の4月4〜6日ごろ）
	Láodòngjié 劳动节	（労働者の日、メーデー、新暦の5月1日）
	Duānwǔjié 端午节	（端午の節句、旧暦の5月5日）
	Zhōngqiūjié 中秋节	（中秋節、旧暦の8月15日）
	Guóqìngjié 国庆节	（建国記念日、新暦の10月1日）
B 関係者しか休日にならない祝日	Fùnǚjié 妇女节	（女性の日、国際婦人デー、新暦の3月8日）
	Qīngniánjié 青年节	（青年の日、新暦の5月4日）
	Értóngjié 儿童节	（こどもの日、新暦の6月1日）
	Jiàndǎngjié 建党节	（中国共産党の建党記念日、新暦の7月1日）
	Jiànjūnjié 建军节	（人民解放軍の建軍記念日、新暦の8月1日）
C 休日にはならない祝日	Qíngrénjié 情人节	（バレンタインデー、新暦の2月14日）
	Yuánxiāojié 元宵节	（元宵節、小正月、旧暦の1月15日）
	Zhíshùjié 植树节	（みどりの日、新暦の3月12日）
	Mǔqīnjié 母亲节	（母の日、5月の第二日曜日）
	Fùqīnjié 父亲节	（父の日、6月の第三日曜日）
	Qīxījié 七夕节	（七夕、旧暦の7月7日）
	Jiàoshījié 教师节	（教師の日、新暦の9月10日）
	Chóngyángjié 重阳节	（重陽の節句、旧暦の9月9日）
	Shèngdànjié 圣诞节	（クリスマス、新暦の12月25日）

3. 反义词(反義語) 🔴2-36

ānjìng chǎonào 安静↔吵闹	(静かな↔騒々しい)	niánqīng shuāilǎo 年轻↔衰老	(若い↔老いた)
bǎo è 饱↔饿	(満腹な↔空腹な)	nóng dàn 浓↔淡	(濃い↔薄い、淡い)
cháng duǎn 长↔短	(長い↔短い)	pàng shòu 胖↔瘦	(肥えた↔痩せた)
cōngming yúbèn 聪明↔愚笨	(賢い↔愚か)	piányi ángguì 便宜↔昂贵	(安い↔高い)
cū xì 粗↔细	(太い↔細い)	qián hòu 前↔后	(前↔後)
dà xiǎo 大↔小	(大きい↔小さい)	qínláo lǎnduò 勤劳↔懒惰	(勤勉な↔怠惰な)
duì cuò 对↔错	(正しい↔間違い)	qīng zhòng 轻↔重	(軽い↔重い)
duō shǎo 多↔少	(多い↔少ない)	qīngdàn yóunì 清淡↔油腻	(あっさりしている↔脂っこい)
gān shī 干↔湿	(乾いた↔ぬれた)	rè lěng 热↔冷	(熱い↔寒い)
gānjìng āngzāng 干净↔肮脏	(清潔な↔汚い)	rèqíng lěngdàn 热情↔冷淡	(親切な↔冷淡な)
gāo ǎi 高↔矮	(高い↔低い<身長>)	róngyi kùnnan 容易↔困难	(易しい↔難しい)
gāo dī 高↔低	(高い↔低い<身長以外>)	shàng xià 上↔下	(上↔下)
hǎo huài 好↔坏	(いい↔悪い)	shēn qiǎn 深↔浅	(深い↔浅い)
hòu báo 厚↔薄	(厚い↔薄い)	shúxi mòshēng 熟悉↔陌生	(熟知している↔不案内な)
jìn yuǎn 近↔远	(近い↔遠い)	xǐhuan tǎoyàn 喜欢↔讨厌	(好きである↔嫌いである)
kuài màn 快↔慢	(速い↔遅い)	xīn jiù 新↔旧	(新しい↔古い)
liàng àn 亮↔暗	(明るい↔暗い)	zǎo wǎn 早↔晚	(<時間が>早い↔<時間が>遅い)
kuān zhǎi 宽↔窄	(広い↔狭い)	zuǒ yòu 左↔右	(左↔右)

【著者紹介】

虞　萍（ぐ　へい）
　学術博士（2005 年，名古屋大学）。南山大学語学講師。

主要著書
『冰心論集（三）』海峡文芸出版社、2004 年（共著）
『我自己走過的路』人民文学出版社、2007 年（共訳）
『冰心文選・佚文巻』福建教育出版社、2007 年（共訳）
『中国内外政治と相互依存』日本評論社、2008 年（共訳）
『冰心論集（四）』（下）海峡文芸出版社、2009 年（共著）
『冰心研究—女性・死・結婚』汲古書院、2010 年（単著）
『冰心論集（2012）』（「冰心研究叢書」）上海交通大学出版社、2013 年（共著）
『確実に上達する　中国語Ⅰ』（中国語検定 4 級対策）あるむ、2014 年（共著）
『確実に上達する　中国語Ⅱ』（中国語検定 3 級対策）あるむ、2014 年（共著）
『好きです！中国語：花子の HSK2 級チャレンジ』中国書店、2014 年（共著）
『楽々上海語（中国語共通語対照）』中国書店、2015 年（共著）
『必携中国語会話（日本語訳付）』中国書店、2016 年（単著）
『冰心論集（2016）』（下冊）海峡文芸出版社、2017 年（共著）
『ペアで学ぼう！中国語』（中国語検定準 4 級対応）朝日出版社、2018 年（単著）
『温故知新！中国語』朝日出版社、2019 年（単著）
『「春水」手稿と日中の文学交流——周作人、謝冰心、濱一衛』花書院、2019 年（共著）

CD 吹込：
　虞萍・李剛

みんなで学ぼう！中国語（中国語検定 4 級対応）

　　　　　　　　　　　2016 年 10 月 25 日　第 1 刷発行
　　　　　　　　　　　2021 年 3 月 25 日　第 3 刷発行

　　　著者　　虞萍
　　　発行所　中国書店
　　　〒812-0035　福岡市博多区中呉服町 5 番 23 号
　　　http://www.cbshop.net/
　　　電話　092-271-3767　　FAX　092-272-2946
　　　印刷所　モリモト印刷

ISBN978-4-903316-54-3　C3087